U0120145

誠實精明

塔木德經商致富25箴言

韋爾——著

金錢的22／78法則

世界超級富豪羅斯柴爾德，每個周末都要讀一讀《塔木德》，

尤其喜愛讀和「損失與訴訟」有關的部分。
研讀《塔木德》，成就了千千萬萬的猶太富翁

序

《塔木德》——猶太人智慧的精品

可以這樣說，現代猶太人這些超凡的智慧，正是來源於塔木德文化、塞法拉迪文化、意第緒文化、希伯來語的復活和近代的猶太文化，但歸根結底，還是從《塔木德》中來的。

《塔木德》已被譯成十二種文字，在世界上廣泛流傳。

直到今天，猶太人仍然在孜孜不倦地研讀著《塔木德》。他們除了每天早上閱讀一段時間之外，安息日還要安排幾個小時的學習時間。在家庭聚餐或朋友聚會時，他們一般都要共同交流一下學習《塔木德》的心得。

學完一卷《塔木德》，在猶太人看來，就是一件相當重大的喜事。爲此，他們常常邀朋喚友慶賀一番。

世界超級富豪羅斯柴爾德，每個周末都要讀一讀《塔木德》，尤其喜愛讀和「損失與訴訟」有關的部分。

研讀《塔木德》，成就了千千萬萬的猶太富翁。

《塔木德》共二十卷，一萬兩千多頁，兩百五十多萬字。猶太人是這樣評價他們日日研讀的這部聖典：

「眞正地理解了十五句，對一個人一生也就足夠了！」

他們更把這種上帝的福祉帶給孩子。

在每一個猶太人家裡，當小孩稍微懂事時，母親就會翻開《塔木德》，點一滴蜂蜜在上面，叫小孩子去吻《塔木德》上的蜂蜜。他們認爲《塔木德》是最甜的。

猶太家庭的孩子在成長過程中，幾乎都要回答這樣一個問題：

「假如有一天你的房子被燒毀，你將帶著什麼東西逃跑呢？」

如果孩子的回答是錢或鑽石，母親將進一步問：

「有一種沒有形狀、沒有顏色、沒有氣味的東西，你知道是什麼嗎？」

要是孩子答不出來，母親就會說：

「孩子，你要帶走的不是錢，也不是鑽石，而是知識。知識是任何人都搶不走的，只要你還活著，知識就永遠跟隨著你。」

這種智慧就是《塔木德》。

猶太人看重各類書籍，尤其珍愛凝聚著先人和賢人心血的「猶太商法」類書籍，其中最爲神聖的，就是用三千三百年寫就的《塔木德》。

公元前一三〇〇年，一支猶太部族逃離埃及。爲了使這六十萬猶太人的生活得以規範，神適時公布了《十戒》，指示猶太人之子要團結一致，互相制約，遵守秩序：

1. 除了耶和華外，不得信別的神。
2. 不可雕刻和崇拜任何偶像。
3. 不妄稱耶和華的名字。
4. 安息日不工作。
5. 尊敬父母。
6. 不殺人。
7. 不奸淫。
8. 不盜竊。
9. 不作僞證。
10. 不貪戀別人的妻子和財物。

《十戒》要求猶太人承擔歷史、正視現實；不違反信義，訂立雙重契約；不因小事而求助於神，向神起誓；領悟勞動與休息的重要性；明白良好的家庭關係是社會活動有序進行的基本條件；教導人們善待生命；嚴禁損害婚姻關係的反社會行爲；告誡人們，貪戀別人的財物是一切罪惡的誘因。

《十戒》規定只有十條，不能完全解決日常生活中的各種問題。於是，猶太人有了《摩西的書》（《五書》，即《創世紀》、《出埃及記》、《利未記》、《民數記》和《申命記》）。

《摩西的書》共有六百一十三條命令，是《聖經．舊約》中的核心部分，被稱爲《摩西五經》，或稱《律法令》，成爲了指導猶太人解決各種問題的指南。

公元二世紀中葉，一代又一代的猶太人口頭傳承下來的行爲規範，被全數收入猶太法律總集《密西拿》中。針對其中的問題，猶太學者又編輯出了《革馬拉》，並進一步補遺而成了《米德拉西》。

猶太人在巴勒斯坦時，《塔木德》已基本成型，而最終成書是在公元五世紀的巴比倫時期。

《塔木德》匯總了《密西拿》、《革馬拉》、《米德拉西》三部分的內容。它凝聚了十個世紀中、兩千多位猶太學者，對自己民族的歷史、文化、智慧的發掘、思考和提煉，是整個猶太民族生活方式的導航圖，是支撐著這個苦難民族的精神支柱。

第一箴　金錢無臭味　013
第二箴　智慧與金錢是統一的　022
第三箴　堂堂正正地精明　036
第四箴　22:78法則　045
第五箴　本錢不可挪作他用　050
第六箴　生意是從微笑開始的　054
第七箴　現金主義　067
第八箴　不做「一次性」買賣　073
第九箴　讓數字跳舞　080
第十箴　合法避稅　092
第十一箴　瞄準女人　098
第十二箴　經營用嘴巴的生意　105
第十三箴　厚利適銷　109
第十四箴　在資訊裏找錢　121
第十五箴　能花錢的人才能賺錢　132

第十六箴　用錢遠遠難於賺錢　137
第十七箴　金庫是從心中變出來的　149
第十八箴　做生意的時候要誠實　167
第十九箴　談判中得理不饒人　172
第二十箴　儲蓄是聰明人所設的一個圈套　177
第二十一箴　有錢一起賺　185
第二十二箴　把運氣變成機會　190
第二十三箴　做生意無禁區　205
第二十四箴　集中精力攻克一個目標　209
第二十五箴　精打細算，開源節流　216

第一箴 金錢無臭味

金錢是沒有臭味的，它是對人類安逸生活的祝福。

——《塔木德》

猶太人認爲，金錢來自天堂，是上帝派來人間的特使，它代替上帝說話。錢是沒有善惡之分的。他們說，既然是錢，我就可以去賺，我關心的是錢，而不是錢的性質。在他們看來，主觀的區分錢的性質，不但浪費時間，而且束縛思想。

《塔木德》中便有這樣的表述：金錢是沒有臭味的，它是對人類安逸生活的祝福。但是猶太人一直沒有過上一種安逸的生活。他們不斷地在世界上奔跑——尋找財富或者被迫離開。也許正是因爲如此，他們比其他的民族更會生存、更會賺錢，也更願意享受現世的生活以及追求自由。

這種自由，當然是思想上的自由。體現在商場中，它就是：「什麼生意都可以做，什麼錢都可以賺，從不問錢的出處」。

「金錢無臭味」的猶太商法由此而生。

猶太人因此創辦了千千萬萬的公司，經營著千奇百怪的項目。他們千辛萬苦地爲公司工作著，爲獲取高額利潤工作著，但是，一旦確認公司的存在再也不能創造利潤，他們就會毫不猶豫地捨棄它：或宣佈倒閉，或把它賣掉。在這點上，他們是鐵石心腸，從不會感情用事，而是決策果斷。

他們的目的就是賺錢，所以不管社會主義和資本主義如何對立，他們都照樣和這兩種主義的信奉者做生意。

哈默是這種生意觀的突出代表。在蘇聯剛成立時，世界上的資本家，都不敢涉足這個社會主義國家，只有這個美籍猶太人「膽大包天」，與蘇聯做生意，在蘇聯發了大財。

金錢無臭味，什麼錢都可以賺，這條猶太商法被運用到了極致。猶太人甚至把神聖的契約也視爲商品，出現了一批專門從事倒賣契約的商人。

當然，這種做法並不妨礙他們對契約的尊崇。他們始終牢記著他們的先祖「曾與上帝締結彩虹之約」，極講信譽，謹遵契約，只是沒有把它供奉在神龕裏。

倒賣契約的商人有兩種經營方式，一種是將別的公司已簽訂的合同買下來，自己作爲一個簽約方履行合同，以從中賺取利潤；第二種方式是把合同倒賣給第三方，以從中賺取傭金。

（從事倒賣契約的猶太商人叫「販克特」，即「掮客」。他們是現代社會證券市場中「販克特」的先驅者。）

即使是在軍隊服役的猶太人，也千方百計地隨時捕捉商業的機會。他們甚至把軍營作爲放高利貸的場所。

在美國的軍隊裏，具有猶太血統的士兵，因此總是比其他的士兵有錢。他們簡單有效的賺錢術，讓其他的士兵驚歎不已。

金錢是沒有臭味的，對此，猶太商法的另一種說法是：賣棺材的錢都可以賺。但是，要做到把「賣棺材的錢」都賺到，就得憑藉淵博的知識、敏捷的反應、準確的判斷和謹遵法律的品質。

金錢無臭味，這句話實際是在教人們，創造和積累財富時必須處心積慮，必須巧捕商機，必須妙用手腕。

如果你把十張來歷不明的鈔票，湊到鼻尖嗅了又嗅，結果是每一張鈔票都散發著美妙的氣息，那麼，你就會在熟悉而又平常的生活中，發現無處不在的商機。

謹遵猶太商法，堅信「金錢無臭味」，千千萬萬的富翁已在世界各地崛起。

他們甚至說：

如果說，金錢在惡人手中就是惡的，那麼把錢從惡人手中賺回來就是善行。

徹頭徹尾的拜金主義，並沒有使猶太人成爲金錢的奴隸。雖然，對於猶太人來說，生活在這個世界上，賺錢是最重要的事，然而，唯利是圖、不擇手段的拜金主義者，在猶太商人中卻少得可憐，他們之中大部分人是合法地賺大錢，正所謂「君子愛財，取之有道」。這些君子們知識面廣，反應敏捷，判斷準確。只要有錢可賺，他們不會放過一個機會。

同樣的，猶太商人在賺錢時，對於所能藉助的東西，也從不存在一點感情。只要有利可圖，且不違反法律，拿來用了就是，完全不必考慮過多。因此，就是在別人看起來無可藉助的條件下，猶太商人也能順順當當地賺錢成功。

表面上，耶和華上帝是猶太人唯一的神，但實質正如猶太精英之一的卡爾・馬克思所言：「錢是以色列人的妒忌之神；在他面前，一切神都要退位。」猶太人，尤其是猶太商人，爲了取得「錢」上的成功而放棄猶太教信仰的，從來不乏其人。在著名的猶太銀行家中，倫敦的哈姆勒、柏林的布萊希羅德等都皈依了基督教。

爲了錢，追求錢，猶太商人的人生目標簡單直截、清晰明確，這對在賺錢上取得成功極有助益。今天，猶太人的神成了「世俗的神，世界的神」

◇賺錢無定法

經商使猶太人掌握了大量金錢，但這卻又變成他們新的「罪惡之源」，成爲他們受到敵視、遭受迫害的另一主因。

對於猶太人來說，未來是難以預料的，反猶迫害不知何時會發生，只有金錢可以給他們提供某種保護。

因此，猶太人和金錢就這樣走進了一個「魔鬼循環」：

爲了生存，爲了獲得金錢這一「保護神」和「護身符」，猶太人必須拼命地賺錢，盡可能多地積累財富；而他們積累財富的手段，以及他們的財富本身，卻又成爲招致他人嫉妒和敵視的原因，最終導致反猶運動的發生。

他們靠錢生存，也因錢而受害。但是，爲了生存下去，他們還得不斷地去賺錢。

在這種機制的作用下，猶太民族逐漸成了一個擅長賺錢和做生意的民族，在生財、理財和積財方面，表現出了某種特殊的能力。

猶太人對錢的觀念自有所堅持，特別是猶太商人，他們認爲「金錢無姓氏，更無履歷表」。他們不像有些國家和民族那樣，把錢分爲「乾淨的錢」或「不乾淨的錢」。

他們自信，透過經營賺來的錢，讓人心安理得。因此，他們千方百計地經營，儘量賺取更多更多的錢，不管這些錢是農夫出賣產品得來的，或是賭徒贏來的，還是知識份子靠腦力勞動得來的，都收之無愧、泰然處之。

舊上海大名鼎鼎的猶太富商雪拉斯·阿隆·哈同，又名歐司·愛·哈同，一八五一年生於巴格達，一八七二年隻身出走香港謀生，次年來到上海。當時他二十四歲，年輕力壯，但除了身上穿的，幾乎一無所有。他立志來中國賺錢發財，但自己一無資本，二無專業知識或技術。他決心從一個立足點開始。由於他長得身體魁梧，在一家洋行找到了一份看門的工作。要叫別人是不願幹的：自己相貌堂堂，年輕高大，卻屈於當守門雇員。而哈同卻不那麼想，他認爲看門賺來的錢是一種報酬，沒有丟臉和失身份的感覺。另外，他更有深層次的考慮，「千里之行，始於足下」，在這份工作上先找到一個立足支點，今後透過自己的努力奮鬥、積蓄力量，最後終要找到能賺更多錢的路子。

哈同在當看門工時非常認眞，忠於職守。晚間，他利用一切時間，閱讀各種經濟和財務書籍，知識增長很快。老闆覺得此人工作出色、腦子精靈，就把他調到業務部門當辦事員。哈同一如既往，工作業績不錯，逐步被提升爲行務員、大班等。這時，他的收入大爲增加，但早懷壯志的他並沒有因此而知足。正如曹操所說的：「人苦不知足，既得隴，復望蜀。」

他認爲自己創業的時機到了，一九〇一年，他找理由離開了工作崗位，自己開始獨立經營商行。

哈同自辦的商行取名爲「哈同洋行」，爲了賺取更多的錢，以經營洋貨買賣爲主。當時洋貨在中國市場上的競爭者沒那麼多，消費者難以「貨比三家」，因此，哈同的經營獲得了高額的利潤，而市場卻神不知、鬼不覺。幾年間，他賺了許多錢。

隨著資本的增多，哈同沒有放緩自己的追求，開始了買賣土地和放高利貸業務。那些出賣土地的人往往急於等錢用，所以他把價錢壓得很低，賣主不得不就範。接著，他將低價買入的土地租給別人造屋，到一定年限後收回，這樣連房產也歸他所有了。同時，他自己也投資建造樓房來出租，從中獲取驚人的利潤。後來，他甚至從事鴉片販賣牟取暴利。幾十年間，他從一個打工者變成了一個大富豪。

賺錢有術的猶太人數不勝數，以放債發跡的艾倫也是典型的一例。這位移居英國的猶太人從打工開始，用積蓄的一點小錢做些小生意。由於生意擴大，他需要資金周轉，不得不向錢莊或銀行借錢。他在自己的實踐中發覺，向別人借錢的代價確實太高，往往與商業經營獲得的利潤相差無幾。他想，自己辛辛苦苦地經營全是爲銀行打工，而且風險比銀行還大，倒不如自己從事放債業務合算。

幾年後，他開始了放債業務。他一邊維持小生意經營，一邊抽出部分資本貸給急需用錢的人。另外，他又從銀行借來利率相對較低的錢，以較高的利率轉貸給別人，從中賺取差額利潤。有些等錢應急的生產者或個人，寧願以月息20%借貸。這樣，等於一百元放貸一年，可獲得240%的回報率，這比投資做買賣更能賺錢。艾倫就是盯著這個賺錢的路子，迅速走上發跡之路的。

以上列舉的兩個例子說明，猶太人賺錢的方法無所謂貴賤，也無所謂方式，他們所賺的錢是你肯我願，感覺受之無愧。這是猶太人的賺錢秘訣之一。

◇從小接受正確的金錢觀念

猶太小孩從小就與兩件事頻繁打交道：一是勞動，二是金錢。

小孩每天幫助大人在院子裏鋤草，給十美元報酬，早晨起早拿牛奶，給二美元。根據工作量來付酬金，孩子長幼不論，同工同酬。

猶太人不論年齡大小，只按勞動能力給錢。

這一觀念已爲西方人所接受。公司裏的職員和工人，實行效益工資制和能力工資制，工作相同，質量相同，二十歲的年輕人與四十歲的中年人拿相等的工資。工作多的、貢獻大的多拿。

猶太人從小就把這些基本概念弄得清清楚楚。這就培養了猶太人的良好習慣：熱愛勞動，喜歡金錢。這兩者造就了猶太人的成就。

大財閥羅斯柴爾德正是猶太人裏「勞動致富」的傑出代表。他的始祖名爲梅耶·亞莫夏，少年時在另一成功的猶太商賈奧片·海穆處當學徒。後來自立門戶經營古董商店，以貴族巨賈爲推銷對象。在十八世紀後半葉至十九世紀的動亂期間，因善於應變和經營，獲得了巨大的利潤。他的經商手法可以說是猶太商人的典範，其座右銘把猶太商人的思想表露得淋漓盡致。例如：

·塞滿錢包並不是十全十美，但是錢包空空如也，卻是不可原諒的罪惡。

·有錢並不是壞事，也不會被錢詛咒。要知道錢會祝福人間的。

·金錢會不斷提供機會給你。

·金錢會給好人帶來喜訊，使壞人更倒楣。

這就是猶太商人的金錢觀念。爲了賺錢，可謂用盡千方百計、絞盡腦汁。如果不是這樣嗜錢如命，猶太鉅賈怎能形成呢？

第二箴　智慧與金錢是統一的

生活困苦之餘，不得不變賣物品以度日，你應該先賣金子、寶石、房子和土地，到最後一刻，仍然不可以出售任何書本。

——《塔木德》

你若問猶太人：人最重要的是什麼？答案一定是「知識」。

知識在猶太人的心裏，佔有很重要的地位。

善於教子的猶太母親，常常會問孩子一個問題：

「假如有一天，你的房子被燒毀，財產被搶光，你將會帶著什麼東西逃跑呢？」

這個問題滿含著猶太人悲慘的血淚史。

大多數孩子回答的是「錢」或者「鑽石」。

母親進一步問：

「有一種沒有形狀，沒有顏色，沒有氣味的東西，你知道是什麼嗎？」

孩子們回答不出來，母親就說：

「孩子，你們應該帶走的東西不是錢，也不是鑽石，而是知識。因爲知識是任何人都搶不走的。只要你還活著，知識就永遠跟隨著你，無論逃到什麼地方，都不會失去它。」

此外，猶太眾多的法典中，也不厭其煩地講述了知識、智慧、讀書、學習的重要：

「一個人在旅途中，如果發覺一本故鄉人未曾見過的書，他一定會買下這本書，帶回家與故鄉人共用。」

「生活困苦之餘，不得不變賣物品以度日，你應該先賣金子、寶石、房子和土地，到最後一刻，仍然不可以出售任何書本。」

「即使是敵人，當他向你借書的時候，你也要借給他，否則，你將成爲知識的敵人。」

「把書本當作你的朋友，把書架當作你的庭園！你應該爲書本的美而喜悅，採其果實，摘其花朵。」

西元一七三六年，拉脫維亞的猶太區域制訂了一項法律，規定當有人來借書時，不把書借給他的人都要課以罰金。

另外，猶太家庭有一個代代相傳的傳統，書櫥必須放在床頭，不可放在床尾。對書本的不敬是絕不允許的。

在猶太社會中，每個人都認爲學者遠比國王偉大，學者才是人們尊敬的中心。可見猶太人多麼注重知識。而很多民族都把王侯、貴族、軍人或商人的地位，放在學者之上。

猶太人如此注重知識，但他們更看重智慧。所以，他們又把僅有知識而沒有智慧的人，比喻爲「背著很多書本的驢子」，這種驢子很難派上大用場。

知識必須用在好的方面，否則有害於人。

知識是爲了磨煉智慧而存在的。吃書而食古不化，等於把書放在櫥中沒有翻看，徒然浪費而已。

有許多極具智慧的人，卻並沒有讀太多的書，沒有積存太多的知識的作用，但他們照樣受人尊敬。

當一個年輕的學生逐漸積累知識，發揮知識的作用，培養洞察力，並且開始了解到一個人必須謙虛時，他就可以被稱爲「赫裏姆」（能使用智慧的人）。

學識和謙虛同樣重要。

一個人如果認爲自己是幸福的，那他一定就是幸福的，但一個人如果認爲自己是聰明的，那麼他一定是個愚蠢的人。因爲葡萄長得愈豐碩，就愈會低下頭來，同樣的，愈有智慧的人便會愈謙虛。大多數的人認爲他很有智慧時，便被稱爲「塔爾萊特．赫裏姆」（精通猶太法律的人）。這種人不必繳稅，因爲大家認爲他已付出許多心力，對社會有了莫大的貢獻。

「赫裏姆和有錢的人誰偉大？當然是赫裏姆了，因爲赫裏姆知道金錢的可貴，但有錢人卻不知道赫裏姆的可貴。」

◇智慧比財富更重要

猶太人追求以智慧賺錢，智慧與金錢的同在與統一，使猶太商人成了最有智慧的商人，使猶太生意經成了智慧的生意經：猶太生意經是讓人在做生意的過程中，越做越聰明，而不是越做越迷失的生意經。

猶太人是一個酷愛智慧的民族，猶太商人也是極擅長以智取勝的商人。其他不說，在實業界中專執金融這個牛耳，就足以證明這一點。不過，智慧這個詞也屬於模糊概念，範圍極大，定義又不清，到底什麼是智慧，人們可能各有各的說法。那麼在猶太商人看來，什麼是智慧呢？

猶太人有一則笑話，談的是智慧與財富的關係。兩位拉比在交談：「智慧與金錢，哪一樣更重要？」「當然是智慧更重要。」「既然如此，有智慧的人爲何要爲富人做事呢？而富人卻不爲有智慧的人做事。大家都看到，學者、哲學家老是在討好富人，而富人卻對有智慧的人露出狂態。」

「這很簡單。有智慧的人知道金錢的價值，而富人卻不懂得智慧的重要呀。」

拉比即爲猶太教教士，也是猶太人生活等一切方面的「教師」，經常被作爲智者的同義詞。所以，這則笑話實際上也就是「智者說智」。

拉比的說法，不能說沒有道理，智者知道金錢的價值，才會去爲富人做事；而富人不知道智慧的價值，才會在智者面前露出狂態。但笑話明顯的調侃意味又體現在哪裡呢？就體現在這個內在的悖謬之上。

有智慧的人既然知道金錢的價值，爲何不能運用自己的智慧去獲得金錢呢？知道金錢的價值，但卻只會靠爲富人效力而獲得一點帶「嗟來之食」味道的酬勞，這樣的智慧又有什麼用，又稱得上什麼智慧呢？所以，學者、哲學家的智慧，或許也可以稱做智慧，但不是眞正的智慧，因爲他和他知道其價值並甘願爲其做奴僕的金錢無緣。在金錢的狂態面前俯首貼耳的智慧，是不可能比金錢重要的。

相反的，富人沒有學者的智慧，但他卻能駕馭金錢，卻有聚斂金錢的智慧，有透過金錢去役使學者智慧的智慧，這才是眞正的智慧。有了這種智慧。沒錢可以變成有錢，沒有「智慧」可以變成有「智慧」，這樣的智慧不是比金錢，同時也比「智慧」更重要嗎？

不過，這樣一來，金錢又成了智慧的尺度。金錢又變得比智慧更為重要了。其實，兩者並不矛盾：活的錢——即能不斷生利的錢，比死的智慧——即不能生錢的智慧重要；但活的智慧——即能夠生錢的智慧，則比死的錢——即單純的財富——不能生錢的錢——重要。那麼，活的智慧與活的錢相比，哪一樣重要呢？無論從這則笑話的演繹，還是從猶太商人實際經營活動的歸納，我們都只能得出一個關於猶太人的賺錢術答案：

智慧只有化入金錢之中，才是活的智慧，錢只有化入了智慧之後，才是活的錢；活的智慧和活的錢難分伯仲，因為它們本來就是一回事，它們同樣都是智慧與錢的圓滿結合。

◇知識是別人搶不走的聚寶盆

猶太商人非常相信「知識就是力量」，他們認為，沒有知識的商人，不算眞正的商人，既然你不是眞正的商人，我就沒必要和你做生意。他們最看不起沒文化的商人，而猶太商人絕大部分學識淵博、頭腦靈敏，他們相信，知識就是致富的力量！通俗地講，猶太人希望自己胸中有墨，這樣才能黃金萬兩。

大多數猶太商人看起來更像學者，他們學識淵博，風度儒雅，身上普遍透著一股書卷氣。這並非因為猶太商人都有高學歷，都在學校學習過許多年（事實上，老一輩的許多猶太商人因各種原因，多半沒受過多少正規學校教育），而是因爲猶太民族的學習傳統和鑽研習慣。因數千年沒有家園、四處漂泊的特殊經歷，猶太人對學習以及知識重要性的認識，要比一般民族早熟得多，他們早就將之上升到「資本」、「資產」的高度，將之比作「搶不掉又可以隨身帶走的聚寶盆」。

認識到知識的價值，猶太人對知識表現出無比的敬重，被猶太人稱爲生活聖經的《塔木德》中說：寧可變賣所有的東西，也要把女兒嫁給學者；爲了要得到學者的女兒，就是喪失所有的一切也無所謂。對學者的敬重，其實就是對知識的敬重。猶太人從小就把學習知識、鑽研學問當作畢生的義務，久之，這便成了個人的習慣、民族的傳統。

猶太民族在這樣一種宗教影響和文化氛圍薰陶下，全民和學習蔚然成風。儘管早期的猶太民族的學習，主要以神學研究爲取向，涉及的知識面十分狹窄，但後來隨著猶太民族受到迫害，流散於世界各地，他們的學習很快擴展到吸納世界各國的文明成果的範圍。更值得一提的是，他們勤學苦研的傳統從未中斷，這就使猶太人——特別是猶太青年——在調節其心理、增強民族凝聚力，和激發求生存、謀發展的創造力上，具有了更大的能量。

正是這種傳統的繼承，使猶太人不管流散到哪裡，其民族的文化整體素質，都比別的民族要高。以美國爲例，在二十世紀七〇年代，美國金融、商業、教育、醫學、法律等高文化行業從業人員中，美籍猶太男子占70%、女子占40%。其中，在最爲靈巧、收入最高的兩大職業——醫生和律師——中（他們要求的文化素質特別高），猶太人所占的比例最高。二十世紀七〇年代，美國共有三萬多名猶太醫生，占美國私人開業醫生總數的14%；另外有十萬名律師，占美國總律師數的20%左右。

猶太人僅靠其高素質的文化，在擇業和創收方面就勝人一籌，且不說其在經商中巧用謀略的巨大收入了。以美國爲例，據統計，一個高中畢業生一輩子打工的收入，比一個同樣工種的初中畢業生多十萬美元；一個大學畢業生又要比一個高中畢業生多二十萬美元。在美國的兩百多萬猶太人中，高中畢業占64%，大學畢業占32%。而在美國總人口中，高中畢業只占35%，大學畢業占17%。這個文化水平的群體差異，使在美國的猶太人的收入，比美國全國平均收入高得多。據統計，一九七四年，美國猶太人家庭平均收入爲一萬三千三百四十美元，而美國的平均家庭收入只有九千九百五十三美元，猶太人家庭高出了34%。

猶太人把知識視爲財富，認爲「知識可以不被搶奪且可以隨身帶走，知識就是力量」，所以他們十分重視教育。猶太人有個說法，猶太人一生有三大義務，第一義務就是教育子女。他們教育子女，目的在於讓後代能在競爭的社會中，求得生存和發展，壯大自己和民族的力量。猶太人對教育問題已跳出了宗教和神學的範疇，認爲現代社會經濟生活，處於越來越迅速的發展變化之中，科學知識日新月異，如果跟不上時代發展的步伐，就會落伍，就會在激烈的競爭中被淘汰，從事科學技術事業如此，經商做買賣也如此。

據統計，最近十多年發展起來的工業新技術，今天已有30％過時了。電子產品的壽命週期，已經縮短到三年左右，超導技術和資訊高速公路的崛起，又預示著一次新的工業革命的開始。當今世界正處在經濟和科技全球化的發展趨勢中，知識型經濟成爲爭奪相對經濟優勢的主要手段。處在這樣一個多變的世界裏，任何故步自封、因循守舊、缺乏遠見和不求上進的人，都難以避免失敗的厄運。猶太人深明大義，不但自己不斷學習、更新知識，更著力培養後代，讓他們成爲文化素質較高的人才。的確，猶太商人的觀念是正確的，他們把知識看作致富的力量，因此，世界上誕生了一流的猶太商人。

◇善於學習

讀者也許會注意到，各類傑出的猶太人，他們的事業成功，無不與勤於讀書和善於學習有關。猶太人由於其民族遭受過的迫害，兩千多年來流散在世界各地，受盡歧視和排擠，迫使他們要掌握一門或更多的科學技術本領，作爲謀生資本，因而形成了一種勤勞好學的風氣和傳統。優良的學習風氣，是造就人才的搖籃和保姆。

「知識就是力量」，誰掌握了知識，誰就有力量。知識來自於自己的實踐和別人的經驗。個人的實踐由於受時間、範圍和條件的制約，總是極有限的，更多的是來自別人的經驗。書本是一些經驗和新知識、新技術的「倉庫」，它彙集了各種知識和經驗，或起碼彙集著指導學習、啓迪思路的方法。所以，俗語有云：「開券有益，一字千金」，「讀書能求理，越讀越有味」，「一日讀書一日功，一日不讀十日空」等等。

讀書的方法和途徑，可以是學校的正規教育，也可以是自學。猶太民族十分注重正規學校的學習，他們不論家庭條件的好壞，都設法讓自己的孩子進學校讀書，有些家庭經濟不允許，則待孩子讀上大學時實行半工半讀，因此，猶太人的文化素質普遍較高。以今天的以色列為例，它確立以教育為本，一直把教育事業列作民族的首要任務，其教育經費的開支，在整個國民預算中所占比例，僅次於國防開支。據統計，一九八四年至一九八五年，以色列大學生人數達九萬九千萬人，即每一千個勞動力有七十七名大學生（美國為一百一十一名，日本為四十二名，英國為三十名，法國為五十名），可見以色列處於前列。

猶太人既注重學校的正規教育，又注重自教自學。眾所周知，學校是獲取基礎知識的場所，而很多專業知識及實際操作技術，要透過實踐或專業學習才能得到。另外，由於個人及其條件不同，受到正規教育的程度也很不相同。因此，猶太人很強調具有自己獨立獲取知識的技能。從中指導自己的實踐工作。事業有成的猶太人，都有一套高效的讀書方法：

1.善於搜集學習資料。他們根據學習的目標，搜集所要學習的資料，包括書籍、雜誌、報紙、文獻、錄音帶、錄影帶、網上資訊資料等。

2.確定精讀的資料，下工夫讀懂讀透。

3.按學習所劃定的範圍泛讀，以取廣採博收之效。

4.借用別人的頭腦「讀書」。人所要學習的內容很多，可時間又極有限，要解決這個矛盾，除了自身的努力外，還可借助別人的力量。比如把一些需要學習和了解的書、資料，交給下屬有一定素養的人閱讀，讓他讀通後，把核心內容和要領歸納告訴自己。聽了他的介紹後，如發現有需要進一步了解的，自己再有重點地閱讀。

5.定向選讀。如自己需要攻克某個方面的技術或項目而缺乏相關知識，即選定相關的書籍、資料閱讀和學習。比如，愛因斯坦爲了創立相對論，即針對自己非歐幾何知識缺乏的精況，選學這個學科的有關書籍，效果立竿見影。

6.通過多形式獲取知識。不僅從書本、資料獲取相關知識，還可以透過與人交往來學習。據瞭解，今天人們接受的資訊，來自文字的不到五分之一，而來自語言的超過五分之四。如透過交談、討論、會議、報告、電視、廣播等手段，使人們可吸取大量的知識和資訊。

◇粗俗者成不了大商人

在猶太人眼裏，知識和金錢是成正比的，只有豐富的閱歷和廣博的業務知識，在生意場上才能少走彎路、少犯錯誤，這是賺錢的根本保證，也是商人的基本素質。一個僅能從某個角度去觀察事物的人，不但不配做商人，也不能算是一個完整的人。

分析眾多猶太商人的成功之路，人們發現，他們大多是先透過鑽研成為某一行當的行家高手，爾後以之起家的。與猶太商人打交道，你會發現，猶太商人的知識面很廣，眼界很開闊。作為擁有幾千年輝煌的商業智慧和豐富的商業實踐的民族，純商業上的知識就更不待說了。猶太商人追求學識淵博，他們當中精通兩門以上外語的不在少數，他們視外語為世界商人的通行證。

「商人要學識淵博」，這是猶太人提出的賺錢口號，同時也是他們的經商法則。學識淵博不僅可提高商人的判斷力，還可以增加他的修養和風度。一個文質彬彬和一個粗俗不堪的人，分別去應酬同一宗生意，成功機率大的必然是前者。

鑽石是一種昂貴的商品，也是屬於「女人」的商品，按猶太人的經商法則來說，鑽石是一種很賺錢的商品。假如是一個學識淵博的商人，他除了瞭解自己的商品以外，還要瞭解自己商品所針對的顧客的心理，盡力滿足她們的需要，選取合適的場所，必要時客氣而又不失風度地與顧客周旋，取得顧客的信任和重視。顧客對你的商品開始注意，這樣生意就成功了一半。

但是，假如是一個見聞狹隘、學識粗淺的商人，他既不懂得怎樣設置店面、創造氣氛，也不知道怎樣招攬顧客，更不知道怎樣樹立自己的信譽，且衣飾粗俗、滿口粗話，這樣，顧客未進門也許就給嚇跑了，還能賺什麼錢？

但是，有的人仍然不明白，鑽石和學識淵博到底能搭上多少關係？又怎樣使猶太人手中的鑽石，產生這麼大的魔力？成功的鑽石商人到底應具備哪些條件？

有個日本商人，他對猶太商人的經商法則掌握得很好，並取得了販賣女式手提包的成功，在經營服飾品貿易中立住了腳跟。他想進一步擴大營業範圍，就看中了猶太人發財的鑽石生意，但他又了解到，日本的鑽石生意很不景氣，許多像他那樣、曾對鑽石生意抱有很大信心的人都失望而歸。失敗的原因眾說紛云。爲了避免遭受同樣的命運，這個日本商人拜訪了當時有名的世界鑽石大王瑪索巴氏，向他提出這些疑問。

「鑽石生意要取得成功，究竟必須具備哪些條件？」

瑪索巴氏毫不客氣地回答他：「要想成爲鑽石商人，必須先要擬好一個一百年的計畫。也就是說，單靠你一生的時間是不夠的，最少要賠上你孩子那一代，要兩代人的時間才行。同時，經營鑽石買賣，最要緊的一點是，獲得別人的尊敬和信任，被人尊敬和信任是販賣鑽石的必備基礎。因此，鑽石商人學識要非常淵博，無論什麼事都能知道才好。」

瑪索巴氏想考一考日本商人的學識，突然問道：「你知道澳大利亞近海一帶有些什麼種類的熱帶魚嗎？」

日本商人被問得啞口無言。

人們乍一聽到這個問題，可能都會感到莫名其妙。因爲做鑽石生意和大西洋的魚類毫無關係，怎麼問這樣一個驢唇不對馬嘴的問題呢？

但猶太人有自己的想法：一個鑽石商人需要的是一個精明的頭腦，對方連大西洋有哪些魚類都瞭若指掌，可見對鑽石的業務知識也同樣相當熟悉，那麼對巨細俱全的鑽石種類的分析肯定也是全面、周到的，和這樣的商人合作肯定能賺錢。

第三箴　堂堂正正地精明

我們唯一的財富就是智慧，當別人說一加一等於二的時候，你應該想到大於二。

——《塔木德》

一個猶太人用《塔木德》教導他唯一的兒子：「我們唯一的財富就是智慧，當別人說一加一等於二的時候，你應該想到大於二。」

一九四六年，父子倆來到美國，在休士頓做銅器生意。

二十年後，父親死了，兒子獨自經營銅器店。兒子始終牢牢記著父親的話。他做過銅鼓，做過瑞士鐘錶上的彈簧片，做過奧運會的獎牌，他甚至把一磅銅賣到三千五百美元，這時他已是麥考爾公司的董事長。

然而，眞正讓他揚名的，是紐約州的一堆垃圾。

一九七四年，美國政府爲清理給自由女神像翻新扔下的大堆廢料，向社會廣泛招標。但好幾個月過去了，沒人應標，因爲在紐約州，垃圾處理有嚴格的規定，弄的不好還會受到環保組織的起訴。

兒子當時正在法國旅行。聽到這個消息，他立即終止休假，飛往紐約。看過自由女神像下堆積如山的銅塊、螺絲和木料後，他不發一言，當即與政府部門簽下了協議。

消息傳開後，紐約許多運輸公司都在偷偷發笑，他的許多同僚也認爲廢料回收吃力不討好，能回收的資源價值也實在有限，這一舉動實乃愚蠢至極。

當這些人都在等著看笑話的時候，他已開始組織工人對廢料進行分類。他讓人把廢銅熔化，鑄成小自由女神像，舊木料加工成底座，廢銅、廢鋁的邊角料則做成紐約廣場的鑰匙。他甚至把從自由女神身上掃下的灰塵都包裝起來，出售給花店。

結果可想而知，這些廢銅、邊角料、灰塵，都以高出它們原來價值的數倍乃至數十倍賣出，且供不應求。不到三個月的時間，他讓這堆廢料變成了三百五十萬美金，每磅銅的價格整整翻了一萬倍。

商業化的社會永無等式可言，當你抱怨生意難做時，也許有人正點鈔票而累得氣喘吁吁。這裏面的奧妙就在於：你認爲一加一應該等於二，而他則堅持一加一可以大於二。最能突出猶太人的精明，還是下面這個被傳頌了上千上萬遍的故事：

一位猶太大富豪走進一家銀行。

「請問先生，您有什麼事情需要我們效勞嗎？」貸款部營業員一邊小心地問，一邊打量著來人的穿著：名貴的西服，高檔的皮鞋，昂貴的手錶，還有鑲寶石的領帶夾子……

「我想借點錢。」

「完全可以，您想借多少呢？」

「一美元。」

「只借一美元？」貸款部的營業員驚愕得張大了嘴巴。

「我只需一美元。可以嗎？」

貸款部營業員的心頭立刻高速運轉起來，這人穿戴如此豪闊，爲什麼只借一美元？他是在試探我們的工作質量和服務效率吧？便裝出高興的樣子說：「當然，只要有擔保，無論借多少，我們都可以照辦。」

「好吧。」猶太人從豪華的皮包裏取出一大堆股票，債券等放在櫃檯上：「這些做擔保可以嗎？」

營業員清點了一下，「先生，總共五十萬美元，做擔保足夠了，不過，先生，您眞的只借一美元嗎？」

「是的，我只需要一美元。有問題嗎？」

「好吧，請辦理手續，年息爲6％，只要您付出6％的利息，且在一年後歸還貸款，我們就把這些作保的股票和證券還給你……。」

猶太富豪走後，一直在一邊旁觀的銀行經理，怎麼也弄不明白，一個擁有五十萬美元的人，怎麼會跑到銀行來借一美元呢？

他追了上去：「先生，對不起，能問你一個問題嗎？」

「當然可以。」

「我是這家銀行的經理，我實在弄不懂，您擁有五十萬美元的家當，為什麼只借一美元呢？您若要借三十萬元、四十萬元的話，我們也會樂意為您服務的……」

「好吧！我不妨把實情告訴你。我來這裏辦一件事，隨身攜帶這些票券很不方便，便問過幾家金庫，要租他們的保險箱，但租金卻都很昂貴。所以我就到貴行，將這些東西以擔保的形式寄存了，由你們替我保管，況且利息很便宜，存一年才不過六美分……」

經理如夢初醒，他十分欽佩這位先生的做法，實在太高明了。

精打細算的民族特色，更讓猶太商法在世界商場上所向無敵。日本麥當勞速食店的創辦人藤田田先生（姓藤田、名田）曾在東京盟運總部打工，他發現有一位美國士兵，每逢假日常香車美人到各處遊玩，但這位美國士兵的收入，不可能支付如此高檔的消費。藤田經深入探究後發現，這位美國士兵是位猶太人，平素省吃儉用，將司令部配發的日用品轉售他人獲利，彙積成一筆資金後，再借貸給急於用錢的軍隊同袍。爲了避免造成呆賬，這位猶太士兵於發餉當天就收回貸款，如此周轉循環，猶太士兵當然就比一般寅吃卯糧的同袍富有了。

藤田從此對猶太商法大開眼界。一九七一年，藤田在日本率先推出麥當勞漢堡，非例假日時間每個漢堡降價爲六十五日元，假日則賣八十日元。精打細算的猶太商法，爲見賢思齊的藤田創造了巨大的財富。

使猶太商人得以精明、並越來越精明的諸多原因中，有一個極爲重要且獨具猶太特性的因素，這就是猶太人——包括猶太商人——對精明本身的心態。

世界各國各民族中，都不乏精明之人，這是毫無疑義的，但其對精明本身的態度卻大不一樣。中國人不可謂不精明，能精明到發明「大智若愚」的程度，可以說精明已臻於極境。然而，正是從「大智」需要「若愚」中，可以反窺出在中國人的心態中，精明是一種適宜在陰暗角落中生存的物種，多多少少有點像個丑角。中國人的典故中，多的是「聰明反被聰明誤」的訓誡。而猶太人則不同。猶太人不但極爲欣賞、器重和推崇精明，而且是堂堂正正地欣賞、器重、推崇，就像他們對待錢的心態一樣。

在猶太人的心目中，精明似乎也是一種自在之物，精明可以以「爲精明而精明」的形式存在。這當然不是說，精明可以精明得沒有實效，而是指除了實效之外，其他的價值尺度，一般難以用來衡量精明，精明不需要低頭垂首地、在宗教或道德法庭上受審或聽訓斥。下面這則笑話，可以說最爲生動而集中地展現了猶太人的這種心態。

美國和蘇聯兩國，成功地進行了載人火箭飛行之後，德國、法國和以色列也聯合擬訂了月球旅行計畫。火箭與太空艙都製造就緒，接下來就是挑選太空飛行員了。

工作人員先問德國應徵人員，在什麼待遇下才肯參加太空飛行。

「給我三千美元，我就幹。」德國男子說，「一千美元留著自己用，一千美元給我妻子，還有一千美元用作購房基金。」

接下來他們又問法國應徵者，他說：

「給我四千美元。一千美元歸我自己，一千美元給我妻子，一千美元歸還購房的貸款，還有一千美元給我的情人。」

以色列的應徵者則說：

「五千美元我才幹。一千美元給你，一千美元歸我，其餘的三千美元雇德國人來開太空船！」

由這則笑話透露出來的猶太人的精明，用不著我們多說了。猶太人不須從事實務（開太空船），只須擺弄數字，而且是金融數字，就可以享有與從事高風險工作者同樣的待遇，這正是猶太商人經營風格中最顯著的特色之一。

令人意外的是，這不是其他民族對猶太人出色的精明的一種刻薄諷刺，而是猶太人自己發明的笑話。

平心而論，猶太人並沒有剝削德國人，德國人仍然可以得到他開價的三千美元，至於是從有關委員會那裏拿到的，還是從猶太人那裏拿到的，這在錢上面並反映不出來。至於猶太人自己的開價，既然允許他們自報，他報得高一些也無可非議，怎麼安排純屬他個人的自由，就像法國人公然把妻子與情人在經濟上一視同仁一樣。所以，在這則笑話中，猶太飛行員的精明，並沒有越出「合法」的界限。

而且說實話，僅就結果而言，任何一國的飛行員要處於這種「白拿一千美元」的位置上，都會感到滿意的。

但無論在笑話中還是現實生活中，他們都不會提出這樣的要求，甚至連想也不會想到，因爲這種「過於直露的精明」，在潛意識層次就被否定了：他們會爲自己的精明而感到羞愧！

從這則笑話本身來看，我們絲毫感覺不到，猶太人有爲自己精明得「過分」而羞愧的意思，只有一種得意，一種因爲自己動了如此精明、甚至精明得無法實現的念頭而「洋洋自得」的心情。至於是否「過於直露」這種考慮，絲毫不能影響他們的精明盤算，更不能影響他們對精明本身的欣賞。他們把精明完全看作是一件堂堂正正、甚至值得大肆炫耀的東西！可以說，對精明自身的發展、發達來說，沒有什麼東西比這種坦蕩的態度更爲關鍵、更爲緊要了。猶太商人可以說，就是在爲自己卓有成效的精明開懷大笑聲中，變得越來越精明的！

猶太民族的笑話，大多都是精明的笑話，而現實生活中的猶太商人，更多的是精明之人，而且還是同樣對精明持這種坦蕩無邪態度的精明之人。

大名鼎鼎的猶太富商哈同，是來上海的猶太人中，唯一由赤貧而至豪富的人，他的精明在上海是婦孺皆知的，幾乎成了一種傳說，還被看作是猶太商人的典型。

一九〇一年，哈同獨立開辦了哈同洋行，專門從事房地產業。哈同做生意時的精明，以及他對精明的心態，從他計算地租、房租上就可以看出來。

哈同出租一般住房和小塊土地的租期都較短，通常是三至五年。租期短，既便於在需要時可及時收回，又可以在每次續約時增加租金金額。在哈同的地皮上，哪怕擺個小攤子也得交租。有個皮匠在哈同所有的弄堂口擺了個皮匠擔，每月也要付地租五元。哈同每次向他收地租時，總是很和藹地對他說：「發財、發財。」但錢是一個不能少的。

哈同計算租金的時間單位也與眾不同。當時上海一般房地產業主按陽曆月份收租，而哈同卻以陰曆月份訂約計租。大家知道，陽曆月份一般爲三十或三十一天，而陰曆月份爲二十九或三十天，所以陰曆每三年有一個閏月，五年再閏一個月，十九年有七個閏月。所以，按陰曆收租，每三年可以多收一個月的租金，每五年可多收兩個月的租金，而每十九年可多收七個月的租金。

還有，哈同發達之後，曾花了七十萬兩銀元，建造了當時上海灘上最大的私家花園，名之爲「愛儷園」。爲了便於管理園內職工，哈同對職工的職責和等級，作了明確的規定，並讓帳房製作相應的徽章。但即使這樣一個表明工作職責的徽章，也要職工自己掏錢購買。每個徽章的製作成本僅爲五個銅板，「零售價」卻爲四毛！

哈同的這種精明，可說是已到了極境，連每個月爲二十九天還是三十天，都要算計一番。但反過來看，這樣的精明固然需要一定的算計能力，但畢竟又用不了多少聰明，眞正需要的恐怕還是一種心態，一種對於精明本身的心態。隨便什麼地方，不但要想方設法地精明，而且一旦有了精明的點子，便理直氣壯地付諸實施，不顧別人會怎樣想。可以說，當時的同行採用了哈同收小租的辦法，而沒有廣泛採納他按陰曆計租的辦法，即是一個不如哈同精明的表現，更是一個不具備哈同對精明的坦蕩態度的表現：當其他民族的商人，爲了自己是否會顯得過於精明而猶豫不決，甚或將精明的點子擱置一邊時，他們與猶太商人的距離就拉開了，他們在與猶太商人的交易中，處於下風的必然處境也就決定了。

第四箴 22:78法則

「22:78」是個永恆的法則，沒有互讓的餘地。

——《塔木德》

猶太人認爲，宇宙與生活是相依生息、相容無悖的。因此，他們把這一看法視爲自己生活的法則，並把它活用到謀生、做生意上，使其有了前進的方向和精神的支柱。

猶太人說，被他們視爲生活的法則的，就是「22:78法則」，它是猶太人成功致富的根本。所謂「22:78」法則，嚴格地說，應是「21.5:78.5」，由於小數贅口，故稱作「22:78」。這個比數很有哲理，它是以一個正方形的內切圓關係計算出來的。假設一個正方形的面積是100，那麼，它的內切圓面積則是78.5，剩下的面積即21.5。以整數計算表達，便是22:78。

說來也巧，空氣中的氣體比例中，氮氣占78％，氧氣占22％；而人體也是由78％的水及22％的其他物質所構成的。這個22:78的資料，成爲人類不可抗拒的宇宙大自然的法則，人類不能違背這種法則而生存發展。試想，如果空氣中氮氣占22％，氧氣倒過來占78％，人類能在這樣的空氣中生存下去嗎？又如，若把人體中水分的比倒降至60％，那定然會乾枯而死。因此，猶太人認定「22:78」是個永恆的法則，沒有互讓的餘地。

猶太人認爲，做生意也要順應這一法則。在一個國家中，富有的人遠遠少於一般大眾，但富人所持的貨幣卻壓倒大多數人。也就是說，一般大眾所持有的貨幣爲22％，而富人所持的貨幣是78％。因此，做生意若以擁有78％貨幣的22％的富人爲主要對象，必會賺錢。

還有，例如有這樣一個問題：世上放款的人多，還是借款的人多？一般都認爲借款的人多，但實際上正相反，答案是放款的人絕對多。銀行是將從很多人那裏借來的錢，再轉借給少數的人，假如借款的人多，銀行將瞬間破產。如果工薪階層也能賺錢，那麼放款的人當會變成壓倒多數。有許多人受投資高級公寓等金融機構的欺騙，正充分證明了放款的人多於借款的人。換言之，以猶太人的說法，這個世界，是以放款人的「78」比借款人的「22」的比例構成的。如此，在放款的人與借款的人之間，也存在著「22:78」的法則。

在通常情況下，78％的生意是來自22％的客戶，這就要求企業界認眞研究和分析客戶的構成，把78％的精力放在22％的主要客戶上，而不能平均使用力量。

猶太人投資，同樣本著「22:78」法則去經營運作。

他們認爲，不賺錢的投資，是不符合「22:78」法則的，因而不能生存下去。若要賺錢，在經營中就必須懂得核算，這正如一個正方形的內切圓一樣，投入的資本，起碼要達到一定的利潤回報率才合算，達不到這個比率就不合算，乃至虧本，這樣的生意就不能做。放貸賺錢法是猶太人起家的一招，他們在英國和歐洲產業革命之時，瞄準了企業發展急需資金的狀況，以高利率把錢借給那些企業，得到的回報率比自己辦企業賺錢還多，而風險相應減少。這也是運用「22:78」法則的一種表現。

美國企業家威廉·莫爾，在爲格利登公司銷售油漆時，頭一個月僅賺了一百六十美元。此後，他仔細研究了猶太人經商的「二八定律」，分析了自己的銷售圖表，發現他的80%的收益的確來自20%的客戶，但是他卻對所有的客戶花費了同樣的時間——這就是他失敗的主要原因。於是，他要求把他最不活躍的三十六個客戶，重新分派給其他銷售員，而自己則把精力集中到最有希望的客戶上。不久，他一個月就賺到了一千美元。莫爾學會了猶太人經商的二八分割法，連續九年從不放棄這一法則，這使他最終成爲了凱利——莫爾油漆公司的老板。

日本商人做鑽石生意的案例，也生動地說明了這一點。

上個世紀九〇年代後期的一個年末，一個日本商人來到東京一家稍顯偏僻的商場，要求租借櫃檯，銷售鑽石這種一般只爲高收入者購買的奢侈品。

憑著對猶太商法中「22:78法則」的徹底領悟，這個商人說服了商場，把幾節櫃檯租了下來；說服了全美各大珠寶商，運寄來各式大小的鑽石。結果，光顧櫃檯的富人絡繹不絕，這個商人一天有三億日元的進項，其中利潤達五千萬日元，大大超過當初一般人的想像，在日本年關賤賣的慣例中，創造了一個大大的奇跡。

爲什麼如此？原因在於鑽石雖爲奢侈品，但有錢人或稍微有錢的人都能夠買得起，而且特別樂意購買。雖然這部分人只是全國人口的少數，但他們持有的貨幣，卻占社會貨幣總量的多數。

賺這部分人的錢，可以有事半功倍的效果。

美國、法國等歐美國家的金融寡頭多爲猶太人，華爾街也基本上是猶太人的天下。十八世紀末就辦起中歐金融大市場的約瑟夫・孟德頌，因創建金融集團而擁有百億美元資產的羅斯柴爾德等都是猶太人。他們成功的奧秘，就在於更進一步地運用了22:78法則。

這就是分析不斷發展的各種經濟，需要越來越多的資金支援的形勢，改四處發放高利貸爲積聚分散的錢、設立正式的金融機構，以最廣泛地吸納社會分散貨幣來購買股票或股權，然後讓密集的資金，流向耗資多並且回報率高的大專案。

把大約78%的資金，配置到最佳的大約22%的項目上，讓錢急劇增值，終使猶太民族在世界金融行業中，佔據了優勢位置。

大約78％的生意，來自大約22％的客戶。

讓大約78％的精力，放在大約22％的客戶上。

讓大約78％的資金，配置到大約22％的專案上。

第五箴　本錢不可挪作他用

可以將小麥借給佃戶做種子，但做種子的小麥不可食用。

——《塔木德》

種子是用來交換金秋的，因此，種子是不可食用的。可以將小麥借給佃戶做種子，但做種子的小麥不可食用。

這一箴言在猶太人中間，已經盛傳了幾千年。對它的商業解讀應是：本錢是用來賺更多的錢的，它的所有者必須小心經營，不可把它揮霍掉。

更進一步說，這句話還包括「不可把錢存進銀行，指望它給人帶來利息」、「不可把錢轉借給他人，指望它給人帶來好處」等意思。

猶太人對這句話的理解非常深刻。

他們認爲，把小麥借給佃戶做播種之用，至少還有歸還的可能；把做種子的小麥磨成粉，做成麵包果腹，就是純粹的消費行爲，吃完以後只好再去借，借麥者這樣就會陷入越來越窮的境地，而出借者的利益也會受到損害，這種賬就極可能成爲呆賬。

美籍猶太人洛克菲勒，從小就對此深信不疑。

一八五八年，約翰．洛克菲勒的父親借了一千美元給洛克菲勒。那時，這個猶太人手中只有八百美元的積蓄，剛剛中學畢業，年僅十九歲。

洛克菲勒沒有把這一千八百美元揮霍掉，而是和大自己十歲的克拉克一起，合股創辦了一家經營肉類和穀物的公司，開始資本的原始積累。

一八六〇年，美國賓夕法尼亞州發現了石油。一時間，成千上萬的人如潮水般湧來，採油區井架林立，原油產量節節飛升。但洛克菲勒經過實地考察，認定原油高產必定導致油價暴跌，從而沒有盲動。

瘋狂地鑽油，果然導致油價一路暴跌。三年後，當原油由當初每桶二十美元跌得不到十美元時，洛克菲勒認爲「種子發芽的機會」到了，投資石油是時候了。於是，他和安德魯合股開了一家煉油廠，從克拉克手上高價買下肉類和穀物公司的股權，一心幹起了石油事業。由於採用了新技術，這個公司迅速成了當地最大的一家煉油公司。

就在「小麥發芽」的時候，洛克菲勒說服了自己的弟弟威廉參加了進來，建立了第二家煉油公司，經營石油進出口貿易，以抵禦石油「質次價亂」的風險，自己坐鎮全局。

他制定品質管制標準，削減成本，降低價格。爲降低成本，他自製油桶，自製煉油用的硫酸，購買油船和輸油管，精心護持著自己的「麥田」，終於控制了當地二十六家石油公司中的二十一家。

石油帝國的初步形成，使洛克菲勒意識到龐大的帝國難以控制的危機。一天，他看到一篇文章，爲其中「小商人時代已經結束，大企業時代業已來臨」的觀點與自己不謀而合而興奮不已。於是他高薪聘請了文章的作者，作爲自己的私人顧問。作者爲報知遇之恩，提出了「托拉斯」這個理論，即生產同類產品的多家企業高度聯合，組成集團壟斷市場。這一理論的運用，使洛克菲勒壟斷了全國80％的煉油工業和90％的油管生意，造就了美國歷史上一個嶄新的時代——一個壟斷時代。

在中國，洛克菲勒實施「點燃亞洲光明之燈」計畫，向大眾分送掉幾百萬盞廉價的油燈，使中國人購買他的煤油。

一八八四年，洛克菲勒的石油公司，成爲全世界最大的石油企業，最終定名爲美孚石油公司，一千元借來的「小麥」贏來了高產。

洛克菲勒一八九六年退休，一九三七年五月二十三日以九十八歲高齡去世。其家族成了當時美國十大超級富豪之一，也是當今美國最負盛名的家族之一。

對「可以將小麥借給佃戶做種子，但做種子的小麥不可食用」，還應有如下的詮釋：

消費借貸、生產借貸，都可能有因資本的流通不暢，而出現無法回收借貸物的情況。正因爲這樣，商人們（包括對國家經濟秩序負有管理責任的領導者）就有必要考慮好資本的運作，使從商者和消費者都擁有可供順利運作的資本。

猶太人認爲，從商者充分考慮好順利回收資本（貸款或貨款）的環境和條件，考慮好如何制訂合理的價格，考慮好如何提供合乎消費者要求的商品，和令消費者滿意的服務，這是使經濟活動中，貸款或貨款順利支付的基礎。

種子是用來交換金秋的。種子是不可食用的。

這句話是一點也不會錯的。

第六箴　生意是從微笑開始的

坑蒙顧客，就是播種仇恨。微笑帶來的，則是滾滾財源。

——《塔木德》

猶太聖典《塔木德》中有這麼一則小故事：

有人邀請六個人來開會，第二天卻來了七個人。這個召集人不知誰是不請自來，只好宣佈：「不請而來的人請快回去吧！」

受到邀請的一位最有名望的人站起身，快步走了出去。

最有名望的人不動聲色地，保護了不請自來的人，保護了他的自尊心。

最有名望的人聲望更高了。

這個故事使猶太商人堅信和氣生財，從不做「一次買賣」。

長期的流離失所，使猶太人普遍具有一種謙和的品質。這種和氣的外表，是人際關係的潤滑劑，有效地減少了摩擦事件的發生。

在生意場上，猶太人總是以一副笑臉出現。即使對合同有不同的意見，他們也能做到微笑著否定；即使你發脾氣，他們在分手的時候仍不忘道聲「再見」；如果第二天早上又見面，他們還能夠眞誠地和你打招呼……

眞是讓人不服不行。

而這僅僅是有教養的外在表現嗎？

不，不僅如此，這還是他們的從商技巧。

這種技巧的運用，也不是爲了做一次買賣。雖然長期被人攆來攆去、朝不保夕，在生意場上容易形成一種「打帶跑」的流寇戰術，但他們就是恪守著「上帝選民」的品質。

「經營品質低劣的商品坑蒙顧客，就是播種仇恨。」他們這樣認爲，「我們的經營活動，應該讓我們、顧客、員工乃至整個社會都得利。」

英國最有名的一家百貨公司名爲「馬克斯．斯賓塞百貨公司」，這家公司是猶太人斯賓塞和他的姻親兄弟西蒙．馬克斯共同創建的。

他們的公司一直「微笑」著做生意，眞正做到了價廉物美，可以讓人們花錢不多，就穿得更紳士、更淑女。不僅以優質低價引領著英國業界的一股浪潮，它還以周到的服務，成爲英國業界的一個範例。

他們一絲不苟地選擇信譽度高的供貨廠家，一絲不苟地選擇高素質的職員。與此同時，他們爲職員提供了業內最高的待遇，甚至允許職員把工作崗位傳給子女。

「一個私立的福利國家！」這是人們對它的讚譽。

施樂百百貨公司是美國的一家企業。一九三二年，這家公司年收益爲五億美元。

「不滿意就退貨」，最先就是這家公司的總裁羅森沃爾德提出的。

這一「微笑」的作法，令顧客歡欣鼓舞，令其他公司大爲震驚。

當打聽到羅森沃爾德具有猶太血統後，這些公司的老闆釋然了，馬上作出了同樣的承諾。接著，這一商業理念漸漸風靡全球。

作爲一個資本家，羅森沃爾德設立了員工疾病和死亡救濟撫恤金，開辦了免費的員工保健所和療養中心，甚至給長期服務於公司的員工以利潤分成。

爲解決芝加哥黑人的住房問題，羅森沃爾德捐贈了二百七十萬美元；爲芝加哥大學、芝加哥科學和工業博物館的建設，羅森沃爾德分別捐贈了五百萬美元；他創立了擁有三千萬美元基金的「朱利斯．羅森沃爾德基金會」，規定基金的本利必須在他去世之後的二十五年內用完；他爲蘇聯的猶太農莊捐贈了六百萬美元；爲巴勒斯坦的猶太移民，提供了大約一千兩百萬美元的援助。

「猶太人生活在哪裡，就應該在那裡生根，和那裡的人和諧相處。」羅森沃爾德如是說。

「人類必將進入一個公共關係的時代。」猶太先知很早就作出過這樣的預言，這個時代已經到來！

關係不是萬能的，但沒有關係是萬萬不能的。

生意的運作其實就是關係的運作，人際關係也是一種生產力。

◇和氣生財

與猶太商人打交道，你會發現他們總是呈現一副笑臉，不管生意是否做成，甚至爲合約而發生不同意見時，他們也總會以笑臉說出其否定的態度。有時對方發脾氣、雙方不歡而散，猶太人還是會跟對方說聲「再見」。要是第二天他再遇上你，會彷彿沒有過不高興那回事，仍以微笑的面孔問候你「早安」。

猶太人這種強忍和氣的態度，也許與該民族長期流散異鄉和受盡迫害有關。暫且不探索這種關係，但這種和氣的儀表，在人際交往之間，卻是一種有效的融合劑，很容易把對方吸引住。實踐證明，在商務活動中，這是一種促銷手段。爲什麼這樣說呢？因爲人是群體動物，人與人的關係是否和睦相處，對事業影響很大。企業家因其製造出來的商品或服務，得人喜愛樂用而賺錢發財；歌唱家因其演唱得到觀眾讚賞和樂隊的伴奏，而受到觀眾的捧場……一切離不開人。猶太人領會這一道理，把人與人的關係處理好，成爲他們事業成功和發財致富的一種技巧。

猶太人認爲，在一個人的一生中，每天都在做著推銷的工作。這種推銷是指推銷自己的創意、計畫、精力、服務、智慧和時間，如能妥善地把握「推銷自己」，定可以出人頭地，實現奮鬥目標。相反的，那些人生事業的失敗者，十有八九是本人不善於「推銷自己」，而不是本身的能力問題。

所謂善於「推銷自己」，是指與人和諧相處的能力。

心理學家的研究認爲，人類的內心都有被人注目、受人重視、被人容納的願望。不管是歐洲人、美洲人、亞洲人、大洋洲或非洲人，只要是人類，都有這種願望。

猶太人根據這一共同規律，在生活中，包括做生意的過程中，注意關切周圍的各種人，讓他們看得出自己關心著他們、容納他們，從這個梯階開始，走向成功的目標。

猶太人總結過別人的經驗：有人有一個很好的創意建議，他得意洋洋地向主管提出來，結果受到主管的冷淡反應；有人向同事直截了當地作過有益的規勸，結果對方反覺不悅。爲什麼會好事、好心得不到好的結果呢？

因爲人類都有自尊、獨立的基本願望，這些願望在支配著那主管和同事，你直截了當地對他講，他會認爲你有比別人高明的想法，他（她）會感覺到自尊受到傷害。

假若你的創意或好建議，能改用別的和順辦法來表達，讓對方的自尊得到尊重，好的效果自然可以達到了。猶太人明白這個道理，對此運用了三條法則：

第一條法則：**把自己的創意或建議變成對方的，這亦稱為釣魚法**。即把你的創意或建議變成釣餌，對方會自然而然地上鉤。比如說，你想讓對方接受你的意見時，以「你這樣想過嗎」的說法，要比「我是這樣想的」更能打動對方；「試一試看看如何」的說法，比「我們非這樣做不可」更能獲得對方贊同。這就是讓對方覺得你的意思就是他的本意。他的自尊既然得到維護，你的創意或建議就容易被採納。

第二條法則：**讓對方說出你的意見**。「面子」不單是東方人的問題，西方人也很講究，所以提意見要注意這個問題。如果你的意見毫不講究地向對方提出，出於「面子」問題，對方往往會本能地反應而不予接納。相反的，你若採用和順婉轉的方式提出，對方的「面子」堤圍可能就會自然開閘。如果你以冷靜而溫和的方式提出你的意思，然後說「雖作如是想，但可能有許多不當之處，不知你對這方面的意見怎樣」。這麼一說，對方可能會完全接納你的意思，並可能會說「我也這樣考慮的，請你不必有多餘的顧慮」。

第三條法則：以徵求意見代替主張。根據心理學家的研究結果，一個人向對方表達同樣的意見，如果以正面而斷然的方法說出，較容易激起對方的逆反情感，如果以詢問的方式向對方提供主張的話，對方會以爲是自己的意思，便不自覺地欣然接受了。可見，方式方法的不同，同樣的事情會產生截然不同的效果。

和氣生財的說法，道出了猶太人經商制勝的一個秘訣。它的核心是給人好感，用善意溫和的態度與人交往，這樣別人也會以此相報，那麼生意就容易達成了。

下面這個故事，也許能對我們理解猶太人「和氣生財」的商法有所幫助：

在南非，車行林立，爲招攬生意，在商場的周圍，許多車行紛紛掛上五彩繽紛的彩旗，上面寫著各種車輛的型號。

我們來到離約堡機場只有幾分鐘車程的布魯瑪區「HITE」車行。因爲地理之便，這個區的市場非常繁榮。

我們一進門，一位漂亮的黑膚色小姐便迎上前來。得知我們的來意，小姐請我們稍坐，將經理請了出來。

經理是一位高個子的中年白人，深藍色的眼睛、鷹鼻，深褐色頭髮梳向腦後，給人以精明幹練的印象。互遞名片後，我認眞地看了一下：總經理傑夫博士。

傑夫說：「我出生在耶路撒冷，是一個猶太人，在英國讀完大學並取得學位，到南非已有十年了。」猶太人！我不由得想起一句俗話：猶太人的腦、阿拉伯人的嘴、中國人的手。傑夫，傑出的男人，我順口把這突發靈感想到的中文名字，送給了這位猶太朋友。他聽後高興得哈哈大笑起來，讓我把這兩個字寫在他精美的工作手冊上。他說，從今以後，他有了一個閃光的中文名字，他會把它印在自己的名片上。

在這種愉快和融洽的氣氛中，我們開始了接觸，傑夫說，作爲一個合格的經營者，要善於發現每一個商機，並因勢利導地處理好，這也正是賺錢的開始。

聽說我們來自中國，又是公務的，傑夫幽默地說：「我目光短淺，只去過香港、臺灣。不過，我知道，那裏都是中國。聽說中國有以貌取人之說，我親眼看過，有的香港人十個手指戴滿了金戒指。」我們聽後都笑了。

笑過之後，傑夫卻說出了一句驚人的話：「如果中國人以貌取人，南非人則是以車看人。」

好一個猶太商人！談笑之中繞來繞去，繞這麼大彎子，還是歸到了買車上。

「在南非，賓士、勞斯萊斯、凱迪拉克等車，是名商巨賈或有身份有地位的人的象徵，是他們耀眼的名片。南非人常常是依車斷定一個人的社會地位或資產能力的。」他指著展廳中一台新型賓士車，說：「這種車是有錢有地位的人的首選車，也是外國公司或辦事機構的公車。」他把後一句話加重，拉長了語調。

我看到一台賓士新型E600型車，駐足觀看並詢問了這種車的情況。沒想到，我的隨意之談，立即引發出新一輪的「商務公關」行動。

傑夫先是介紹這種型號車的概況，請我們上車。我想，他可能是讓我們切身體會一下舒適感吧，便也上了車。沒想到，他竟坐到駕駛員的座位上。原來，車行裏的「樣車」都是「整裝待發」的，他將車開了出去。傑夫邊開車邊說：「你只有親自坐一坐，才能體會到這種車的無窮魅力。」

這瞬間發生的一切，簡直令我不可思議。我只是一個普通的顧客或買家，只是對一種車稍稍表示了好感，竟會立刻迎來一系列的「微笑服務」，甚至要上街試車。我體會到一種無法抗拒的推銷力度。

回到車行，我還是直言這種型號的車價太高。傑夫將我們帶到寶馬車前。他說：「與賓士相比，『寶馬』更增加了個人化的色彩和駕車人的樂趣，時速照樣能達到兩百公里以上。」

看到我們沒有買的意思，他又向我們介紹德國產的奧迪、歐寶、T4車，以及通用、福特等美國車。他說：「這些車分自排和手排檔。自排開起來省事，用不著換檔，特別是遇到塞車時，優點十分明顯。裝上車載電話，可以一手把方向盤，一手打電話。」

我想起他剛才的「示範動作」，那正是一輛自排檔的車。

一晃兩個小時過去了。我提出回去商量一下的想法，傑夫卻非要留我們共進午餐。這怎麼行?車還沒買，而且在不在這兒買還不一定，怎能無功受祿!我們執意要走。

傑夫誠懇又實在地說：「買不買都沒什麼，你們中國人講緣分，大家相認就是緣分。交個朋友嘛!」話說得實實在在，盛情難卻，我們只好客隨主便，跟著傑夫來到附近的一家西餐廳。

在席間，傑夫告訴我們，他的海泰車行在南非共有六家連鎖店，分佈在約翰尼斯堡、開普敦、德班等城市。

「作爲一名博士，您爲什麼經營汽車生意?」我不經意地提出這樣一個問題。

「賺錢。」傑夫立刻爽快地說，「選擇汽車生意，就是選擇與富人做生意。只有與富人做生意，我才有可能賺大錢。」

我瞪大眼睛，目不轉睛地看著他，體味著這精闢的論述。

「現在生意場上廣泛流傳著所謂『猶太商法』，其實無所謂什麼法，它只是經商的一些訣竅和規矩。」傑夫一板一眼地說，「所謂『猶太商法』，簡單地說，就是把商界的活動歸結到一組普通數字上，即22:78法則。

「猶太人最先發現了這一神奇數字，並把它運用到了生意上。我們發現，在人類社會中，富人與除了富人以外的普通人，數量之比大約是22:78；而普通人與富人財富之比也是22:78。據此，猶太人總結出，要想賺大錢並事半功倍，就要首先考慮與富人做生意。」

我們最後沒有在傑夫的車行買車，並不是我們不想買，實在是囊中羞澀。最後，我們買了一輛「二手車」，這車也是在傑夫幫助下買的。精明的商人當然不會放過每一個商機。不過，我們「心甘情願」。商界有這樣一句話，精明的商人不是盯著別人的錢口袋，而是算計自己的。錢讓誰賺，不都是賺嘛。

在我們講明實情後，傑夫帶我們去看了幾家二手車行。因爲是同行，他們之間很熟。我們只花了1.5萬蘭特，買了一輛相當不錯的寶馬車。

我們從舊車行出來的時候，傑夫硬是塞給我們一百蘭特，我們不要。他說：「這車的價格雖不高，但按照遊戲規則，他們還會給我一份傭金。這是幹我們這行的規矩。」

◇幽默是一件利器

猶太人處事和說話非常幽默，是一個幽默的民族。譬如猶太俗語中有一句話：「小偷頭上的帽子燒起來了。」只有了解了這句話的背景，才能知曉猶太人的機智和幽默。

話說在東歐一個城鎮裏，有位猶太人的帽子被偷了，而且這帽子到處有賣的，舉目一望，許多人都帶著那種帽，根本無法區別哪個人是小偷。這位猶太人靈機一動，突然大叫一聲：「小偷，你的帽子燒著了。」當然，第一個摸帽子的人就是小偷。

幽默因機警而生，幽默具有無法替代的力量。

許多東方人不瞭解「幽默」的含義，甚至認爲幽默是一種謹慎、不體面的事。我們常常看到西方人在會議席上妙語如珠；但是，東方人卻認爲，在會議席上耍幽默有失尊嚴。

西方人常說：「笑是百藥中最佳的良藥之一。」因爲笑能在痛苦時安慰我們的心，能使快樂的我們更加充滿活力。幽默的笑可以使人脫離常態、放鬆心情。幽默還可以擴大心的範圍，使人產生更大的力量。

幽默可使尷尬場面開朗起來，也許有些「幽默」反而會使場面黯淡，但這無可厚非，我們無權要求所有的幽默都令人發笑。

高度的幽默感出於理性。只有經過知識磨煉的人，才能發出脫俗、有深度並且合於時宜的幽默，也只有智商高的人，才能眞正理解幽默的精髓。

幽默是獨創的、原始的、新鮮的，第二次重複用一種幽默，幽默就失去了意義。幽默必須出人意料之外，才能產生效果。

眞正有幽默感的人，都能幽自己之默。但大多數人面臨困境、進退維谷時，總是焦急萬分，哪裡有心情幽默？只有強者才能在危機之中，瞬間離開自己所處的境地，站在客觀的立場上來觀察自己、幽默自己。所以，幽默代表強者的韌性，也代表強者的膽量。

一個人如果能在面臨危機之時，站在客觀的立場上觀察一下自己的處境，必定能想出許多辦法來脫離危險，而不是驚慌失措地固守一個據點，最後走向滅亡。

人生常常需要做局外觀，退一步則海闊天空。

第七箴　現金主義

手頭沒錢，就是窮人。

——《塔木德》

猶太人之所以奉行徹底的現金主義，一方面是因爲他們在大流散中，可以隨身攜帶現金逃跑，另一方面是因爲他們對任何人都不放心，一旦將商品賒出去，拿不回錢來怎麼辦？如果馬上要逃跑，豈不要白白損失？所以，唯有現金是安全、可靠和永恆的。

猶太人對銀行存款不感興趣，銀行存款雖然有利息，但利息是微乎其微的，而且利息的增長幅度，還不如物價上漲速度快呢。現金雖然沒有利息，但因沒有銀行存款之類的證據，也不需要交納財產繼承稅。

所以，現金雖然不增加，但也不減少，對於猶太人來說，不減少就是不虧本的起碼條件。

而且，猶太人認爲，世界變化太快，沒有誰知道明天會怎樣。一切都在變，只有現金不變。只有現金才可以保障他們的生活，才可以對付難以預料的天災人禍。這表現在商業活動中，就是徹底的「現金主義」，即唯有現金是最實在的。

猶太人的現金主義生意經，在日常生活及交往中，表現得特別明顯。如果你在做生意時，與猶太商人打過交道，也許就明白他們對交易方的評價。他們的心中關心的是，「那個人今天究竟帶來了多少現款」？更令人驚訝的是他們對公司的評價，「今天那個公司，如果換成現款，究竟值多少？」總的來說，他們關心的是現金，力求把一切東西都「現金化」，因而他們做生意時力求現金交易。縱然交易的對方在一年後確能變成億萬富翁，亦難保證他明天不發生異變。

在繽紛複雜的社會中，有誰能知道明天是怎樣的？人、社會及自然，每天都在變，只有現金是不變的，這是猶太人的信念，也是猶太教的「神意」。

先看兩個故事：

有一家猶太人的小餐館的牆壁上，貼著一首歌謠：「我喜歡你，你要借錢，我不能夠借，怕借了你便不再上門。」說白了，就是「現金交易，恕不賒欠」。然而，其言語卻很婉轉。其實，這小餐館的一杯酒才幾塊錢，但卻爲何絞盡腦汁，編出這樣的歌謠來拒絕顧客的賒欠呢？答案很明顯，如果小餐館允許顧客賒欠，其中的利息勢必自己承擔，換言之，自己所得的利潤，必然被這部分利息所侵蝕。再者，小本經營的生意，如果賒欠太多，必將影響餐館的資金周轉，甚至使酒店陷入困境。

＊　＊　＊

有一個猶太富翁，知道自己快要去見耶和華了。他把城內的親朋都叫到病榻之前，拿著一隻碩大無比的大枕套，鄭重地口述遺囑：

「請把我的財產全部兌換成現金，用一部分錢買一張全城最貴的床和一張全城最貴的毛毯，然後把剩下的錢塞進枕套。我要枕著我的錢在天堂好好休息休息。」

親友們一切照辦。

富翁目睹一切，心跳悄悄地停了。

遺體告別儀式正在舉行。這時，來了這位死者生前的一個遠方的猶太裔朋友。朋友聽說死者的財產已都換成了現金放進了棺材，立即掏出自己隨身攜帶的支票，飛快地簽上金額，並把那張支票放進了棺材。隨即，他從棺材中取出那只塞滿現金的大枕頭，拍了拍死者的腦門說：

「老朋友，金額與現金一致，你會滿意的。」

＊　＊　＊

商場中，猶太人的精明與此如出一轍。殊不知，沒有到銀行兌現的支票，如同一張廢紙。

在商業活動中，猶太人首先關心的是對方究竟是否帶現款，究竟帶有多少。在他們的心目中，一切都最好「現金化」。

他們看見現金以外的財物，第一個反應就是暗自盤算：「如果折成現款，究竟值多少。」

猶太人堅持認爲現金主義最保險，有著深刻的歷史原因。

歷史上，猶太民族是個一直受到驅逐和掠奪的民族，他們的生命隨時都有可能被殺戮，他們的財產隨時都有可能被沒收。

在這樣的生存環境下，銀行對他們根本就沒有什麼保險可言，誠實的債務人也難以叫他們放心。

他們最安全的辦法，就是緊緊抓住現金逃跑。

猶太人不願在銀行存款的現實理由，主要是：

·物價上漲會使貨幣貶值；

·存到銀行的錢是死錢；

·手頭沒錢，就是窮人。

．遺產的繼承稅往往高於存款利息，巨額財產傳承三代就會變成零。

爲了保證最大限度的現金化，猶太商法確定了如下原則：

．互惠互利，不強買強賣。

．商品不賣給沒有支付能力的顧客。

．在契約上標明付款條件。

．信用限度表明可以賒欠多少，超過限度，不予賒欠。

．約定期一到，立即上門收款。

．收款態度堅決，不讓對方有拖延的餘地。

．對經常拖欠貨款的顧客慎重發貨。

．拒絕給不可能付款的顧客發貨。

猶太商人奉行的「現金主義」，道出了這樣兩條鐵律：

．錢，只有一直處於流動狀態才能夠生錢。

．經濟社會裏，金錢不可流通。

事實上，在當今的貿易中，現金仍是十分重要的，瞬息萬變的市場中，風險潛伏在各種買賣活動中，如果忽略了現金，往往會導致血本無歸。所以，猶太商人的現金主義觀念不是全無道理的。

記住，猶太人的現金至上原則，是經商中最簡單、最實用的方法。不管你是誰，想做什麼樣的生意，在這一點上多嘗試，都會減少許多不必要的麻煩和痛苦，至少也得堅持定期收款的原則。

第八箴　不做「一次性」買賣

不能刻意把奴隸裝扮起來，使其看起來更年輕、健壯。

——《塔木德》

猶太人認為，人最大的痛苦不是被人欺騙，而是不被人相信。因此，取信於人是人一生當中最重要的。如何做到取信於人呢？

誠信第一，這是取信於人的起碼要求。在猶太人的商旅生涯中，他們遭到過無端的打擊和歧視，也遇到過無數精心安排的謊言或圈套，但他們始終篤信上帝的教誨：遵守約定，誠實為人，死後方能升上天堂。在商業領域，他們更深刻地體會到：取得別人的信任，是交易順利完成的基礎。猶太人遵守約定，哪怕只是口頭上的承諾，非正式、非書面的協議，只要他們承認了約定，他們就會不折不扣地按照約定去行動，猶太人這種重信守約的美德，為他們贏得了極高的聲譽。

在具體的商業貿易領域中，《塔木德》規定了許多規則，嚴格禁止帶有欺騙性的宣傳或推銷手段。比如：不能刻意把奴隸裝扮起來，使其看起來更年輕、健壯，更不能把家畜塗上顏色來矇騙顧客；並且貨主有向顧客全面客觀地介紹所賣商品的質量的義務，如果顧客發現商品有事先未得到說明的問題，則有權要求退貨；在定價方面，儘管當時沒有標準統一的價格，這需要雙方自行商定一個合理的價格，但一般來說，商品多少還保持在一定的價位上，因此，如果賣主欺騙買主不知行情，使商定價格高出一般水平的10%以上，則規定此交易無效。這些規定在現在看來，也許是再平常不過了，但是，《塔木德》形成於世界大多數民族還處在農耕社會的時期，它能預見將來社會以商業和貿易爲主，並闡述這些誠信經商的道理，是極富先見之明的。

猶太商人從不做「一次性買賣」，那種「只要每個人上我一次當，我就可以發財」的想法，在他看們來無疑是自取滅亡。按理說，猶太人沒有自己的家園，被人到處驅來趕去，很容易在生意上，甚至在與人交往中，形成「打帶跑」的短期策略和流寇戰術。但實際上，猶太人絕少有這種劣跡，而且是信譽卓著，其經營的商品或服務也都屬上乘佳品，從不以「次充「好」。爲什麼？除了猶太商人的文化背景，如以「上帝的選民」自居，有重信守約的傳統外，更因爲其民族在流動不定的生存狀態，與商業活動的規律之結合中，悟出了什麼是眞正的經商之道。

在英國，最有名的百貨公司是「馬克斯．斯賓塞百貨公司」，這家百貨公司是由一對姻親兄弟，西蒙．馬克斯和以色列的斯賓塞創立的。

西蒙的父親麥克，於一八八二年從俄國移居英國，最初是個小販，後來在里茲市場上開了個鋪子，以後發展爲連鎖廉價商店。麥克於一九六四年去世後，西蒙和斯賓塞將這些連鎖商店，進一步發展成資金更加雄厚、貨物更加齊全，具有類似超級市場功能的連鎖廉價購物商場。

馬克斯．斯賓塞百貨公司雖以廉價爲特色，但非常注重質量，眞正做到了「價廉物美」。用一些報紙上的話來說，這家百貨公司等於引起了一場社會革命。因爲原先從人們的衣服穿著上，可以區分其不同的社會階層，但由於馬克斯——斯賓塞百貨公司以低廉的價格，提供製作考究的服裝，使得人們花錢不多，就可以穿得像個紳士或淑女，因此以「貌」取人的價值觀念，也隨之發生了根本動搖。現在在英國，該公司的商標「聖麥克」成了一種優質品的標記，一件「聖麥克」牌襯衫，是以盡可能低的價格所能買到的最優質的商品。

馬克斯．斯賓塞百貨公司不但爲顧客提供滿意的商品，還提供最好的服務。該公司的售貨員禮貌服務之周到，在素以彬彬有禮聞名的英國，成爲一個典範。西蒙和斯賓塞在挑選職員時，就像挑選所經營的商品一樣，一絲不苟，眞正使公司成了「購物者的天堂」。

西蒙和斯賓塞在讓顧客滿意的同時，還做到了讓職工也滿意。他們對職工要求極高，但爲職工提供的工作條件，在全行業中屬於最好者之列，職工的工資也最高，此外，還爲職工設立了保健和牙病防治所。由於所有這些優越條件，馬克斯・斯賓塞百貨公司被人稱爲「一個私立的福利國家」。

西蒙和斯賓塞爲顧客和職工想得這麼周到，公司的經營情況又如何呢？馬克斯・斯賓塞百貨公司被普遍認爲是國內同行業中最有效益的企業，並吸引來大量的投資者。

與馬克斯・斯賓塞百貨公司同爲百貨零售企業的美國「施樂百百貨公司」，採取的也是同樣的經營宗旨，甚至在對待顧客和職工的優惠方面更有過之，並將這種恩澤施向整個社會，做到了與整個社會的和諧共存。

施樂百公司總裁朱利斯・羅森沃爾德是透過投資而擔任的。他原是一個德國移民的兒子，曾在叔叔的百貨公司工作。後來施樂百公司融資的時候，他以三萬七千五百美元的投資，「約占融資總額的四分之一」，進入公司董事會，一九一〇年原公司總裁、公司的創立人理查・希爾斯退休後，任新總裁。現施樂百百貨公司已成爲美國最大的企業之一，每年收益爲五億美元。羅森沃爾德也以價廉物美爲其經營宗旨。公司銷售的商品，有許多都是企業集團自行生產的，因此成本可以降低，質量也得到了保證。但施樂百百貨公司的眞正本錢，還是羅森沃爾德制定的一條規定：不滿意，可以退貨。這條商業最高道德的最實在的體現，現在已經被許多商店所標榜，但在當時是聞所未聞的。羅森沃爾德很可能是第一個，將商業信譽提到了這樣的高度的人。

施樂百百貨公司以其商品質量、價格、信譽，還有對市場的精確預測，得到了消費者的廣泛歡迎，公司的商品目錄，在羅森沃爾德逝世前，已發行了四千萬冊，幾乎每個美國家庭都可以見到。觀察家認爲，這一連續出版的商品目錄，幾乎構成了美國的一部社會史，從中可以探視到美國人審美趣味和願望的發展，而這種發展中，有相當一部分是由施樂百公司預測到，甚至造就的。

施樂百百貨公司經營良好，贏利豐厚。羅森沃爾德最初投資三萬七千五百美元，三十年後，其資產達到了一億五千萬美元。在這樣的財力支持下，羅森沃爾德廣泛從事慈善活動。他曾爲二十八個城市的「基督教青年聯合會」，和美國南方的一些貧困地區建立鄉村學校，提供資助；爲解決芝加哥黑人的住房，出資兩百七十萬美元。另外，他還分別爲芝加哥大學、芝加哥科學和工業博物館贈五百萬美元。一九一七年，他創立了擁有三千萬美元基金的「朱利斯．羅森沃爾德基金會」，並規定基金必須在他去世之後的二十五年內用完。

猶太商人篤信一個信條：猶太人生活在哪裡，就應該在那裡生根。他們不但誠信經商，更與非猶太人和諧相處，甚至用自己的財富和實業，去幫助和庇護猶太同胞或非猶太人，他們相信，只有以誠相待、取信於人，猶太人才會擁有朋友，而不是到處樹敵。

◇猶太人的交易規則

《猶太法典》中，記載著許多有關商業方面的事情。編寫《猶太法典》的先哲們，洞察世界發展的軌跡，預知商業行爲將在人類歷史上，佔有重要地位，因此以極大的篇幅，來描述交易的道德標準。

《猶太法典》中最基本的原則是：交易就是交易，而不是爲交易而交易。教導人們做一個有道德的商人，而不是做一個唯利是圖的商人。交易強調的是道德和善行。

即使沒有明文規定的所有保證，買者仍然有權要求他買的東西，必須是品質優良、毫無缺陷的。即使賣者打出「貨物出門，概不退換」的招牌，買方若事後發現東西有瑕疵，也有權要求退換。

但是，賣方若事先聲明貨物有缺陷，而買者願買，買後便不可退換，這是契約，雙方必須要遵守。自願吃虧與上當受騙是兩回事。《猶太法典》堅持的要點是保護買方的利益。

《猶太法典》時代，猶太人就有監督買賣度量的官員，夏天和冬天丈量土地的繩子不一樣長，天氣變化，繩子伸縮有度。出賣液體貨品時，甕底若有以前的殘渣，便被視爲不公平，官員有權過問。

買方可在購買到東西一天到一星期之內，拿著所買的東西去請教別人，因爲買主不一定對所買的東西很內行，由內行的人作判斷，然後決定是否退換，這都是允許的。

《猶太法典》時代，商品沒有統一價格，價錢由賣方張口要，但若買主付出超過一般行情的六分之一時，這次交易可以被視作無效，貨款各退回本人手中。這是《猶太法典》所訂的通律。

《猶太法典》不光保護買方利益，同時也保護賣方利益。當買方沒有購買誠意時，就不可以進行商談；如果已經有人表示願意購買某商品，他人就不可爭購這件商品。

許多商業貿易道德，《猶太法典》都有闡述和規定，直到今天，許多條款仍然含有極高的合理性。

第九箴　讓數字跳舞

讓數字跳舞。

——《塔木德》

在猶太人看來，凡是賺錢的人，總不能糊裡糊塗，賺多少算多少，最起碼應該弄明白要想賺多少錢。必須先要算好錢，心裏總有一本明明白白的賬。這個問題看似簡單，其實不然，尤其是始終有精確的算錢術就更難了。

猶太商人的心算本領，成爲其對經營判斷和對外談判的高招。事實上，猶太人這種本領非屬天賦，而是訓練得來的。他們從長期的經營實踐中，體會到「數中有術，術中有數」的道理。這就是說，經營者要重視對各種數量關係的分析，以便在數量的計算中，尋求有效的對策和方法，克敵制勝。

經過漫長的歲月檢驗，可以說，世界上任何民族，都沒有猶太人那麼鍾情於數字帶來的各種方便和好處，他們根據一代代猶太前輩對數字研究的經驗，使枯燥的數字變得生動起來。在這些數字中，他們找到了一條賺錢的法則，即22:78法則。

猶太人總是用準確的數字，來描述生活中的每個細節。例如中國人在描述天氣時，一般是說：「今天很冷」、「今天比昨天熱」等等。這些語言概念都比較模糊，而猶太人則總是習慣於把冷熱程度，用準確的數字來表示：「今天37度」，「今天38.5度」。

鍾愛數字、使用數字，這是猶太人在幾千年的漂泊生涯中，總結出的經驗。猶太人認爲，商人必須注重數字。但這並不是說，猶太人只在經商時注重數字，而是讓數字覆蓋於生活的每個角落。

阿拉伯數字最初是由印度人發明的，後來由阿拉伯人傳到歐洲。但是如果你問：「阿拉伯數字『1』爲什麼代表『一』呢?同理，『2、3、4……』爲什麼分別表示『二、三、四……』呢?」相信不管是阿拉伯人還是印度人，對這個問題都會啞口無言。即使數學知識淵博的人，也不會一下子就回答出來。但是猶太人卻能回答：「因爲『1』有一個角，所以表示『一』，『2』有兩個角，所以表示『二』，其餘依此類推……」

如果你再進一步問猶太人：「可以證明嗎?」

猶太人就會毫不猶豫地回答：「這是猶太人的公理，公理是不必證明的，四千年的悠長歲月已經給它證明了!」

由此可見，猶太人比其他民族更注重數字，憑著對數字進行揣摸的幾千年的經驗，從平凡的數字中找出了一條22:78的賺錢法則，其享譽者除了猶太人，還能是誰？

正是由於猶太人擁有這麼多的數字知識，數字無論在生活中還是在商業裏，他們都可以運用自如。

猶太商人繼承了猶太民族的這一傳統，儘管猶太人後裔沒有個個都從業於金融界，但即使在其他行業，猶太商人也多以金融或資產管理見長，而不是技術業務。許多猶太大企業家都是透過法律、財務和投資銀行的途徑，走上公司上層的。有人調查了一下美國企業界，發現即使在產業界裏擔任重要職務的猶太企業家，也多是從事金融或財務出身的。比如，杜邦公司的董事長歐文·夏皮羅，最初的職業是會計；海灣和西方工業公司的查理斯·布盧德霍恩，原爲證券分析員；西太平洋工業公司的霍華德·紐曼原爲金融家；迅捷美國公司的米蘇萊姆·里克利斯原爲股票經紀人；雪倫鋼鐵公司的維克托·波斯納原爲不動產投資商；通用動力公司的亨利·克朗原爲金融家，等等。所以，人們普遍認爲，猶太商人對於擺弄數字，要比解決生產中的技術性問題更加在行。這句話應該說是有道理的，至少在那個掌握著大批採礦企業，卻分不清礦坑和一般坑的世界鑽石行業巨頭巴納特身上是如此。

巴奈·巴納特是一個二手服飾商的兒子，小時候就讀於一所主要由羅斯柴爾德家族捐助、專爲窮孩子建立的猶太免費學校。他最初打算當一個演員，但有關南非容易致富的傳聞使他改變了主意。他設法弄到了四十箱雪茄作爲經商資本，就離開了倫敦來到南非。

巴納特的雪茄原本是打算賣給探礦者的，但到那裏之後，他卻以此爲抵押，獲得少量的鑽石。從那時候開始，短短幾年的時間裏，巴納特就成了一個富有的鑽石商人，和從事礦藏資源買賣的經紀人。他不是坐在城裏等著找礦者送上門來，而是步行或騎馬到礦上到處轉，尋找便宜貨，並即時買下一些別人出售的礦區。當這種生意進行得不順利時，他就轉做其他生意。一八七六年，他以自己的全部財產共三千英鎊，買下了毗鄰他原有礦區的一些小礦區，這些礦區經瘋狂開採，一周可獲得二十克拉的鑽石和二千英鎊的利潤。他發財了。

巴奈．巴納特原先只喜歡鑽石、金子和紙幣這類看得見、摸得著的財富，而不賞識股票之類的玩意兒。但最終，隨著他的投機買賣的擴大，巴納特也不得不走進證券交易所。

一八八〇年，巴納特爲創辦資金達十一萬五千英鎊的「巴納特鑽石公司」，發行了大量股票，這些股票在幾小時內即被搶購一空，所集的資金超過原先要求的三倍。第二年，公司股票隨同南非證券交易市場上的股票一起大跌，但他保有足夠的股份以維持自己的企業，並乘機折價買下了大量充斥市場的其他股東拋出的股票。這一出一進之間，其他股東最初投放的資金，有相當大一部分無償歸屬了他。到以後證券市場復甦之後，公司的股票跟著上漲，巴納特越發富有了。

一八八八年，巴納特的「巴納特鑽石公司」，和由另一個猶太裔人羅得斯控制的「德．貝爾礦業公司」合併，組成「德．貝爾統一礦業公司」，公司的股份共計兩萬股，每股爲五英鎊，其中巴納特占了六千股，爲最大股東。這一新的集團取得了世界鑽石出產的壟斷權，並且至今仍是世界最大的鑽石生產企業，約占全球產量的90％。

巴納特從在倫敦時一文不名的窮小子，到三十八歲時，已經成了資產以百萬計的大富翁，他四面出擊，投資開採蘭德金礦和購買新興城市約翰尼斯堡的地產。有一段時間，南非經濟蕭條，但巴納特卻充滿信心，低價收購了大量的地產和股票，還投資酒類貿易、建築材料、運輸、印刷出版等行業。隨著蕭條結束，市場重新趨於繁榮，巴納特也成了投機家的代表，他走到哪裡，證券交易市場就跟到哪裡。

以後，巴納特又建立了主要經營地產和黃金開採的「約翰尼斯堡統一投資公司」，該公司名義資本爲一千萬英鎊，但由於行情一路上漲，股票的市場價很快超過了六千萬英鎊，其中約兩千萬英鎊爲巴納特個人所有。

更絕的是，巴納特建立了一家專門爲他拋售股票的銀行。一八九五年，他創辦了一家以一英鎊爲一股，共擁有名義資產三百五十萬英鎊的股份銀行。股票異常受歡迎，人們紛紛爭購，一夜之間價格就翻了一倍，隨後又增加到面值的三倍。但這家銀行與正統觀念中的銀行沒有任何相同之處，它只是一家專門拋售巴納特所擁有的、南非各企業的股票的信託公司。好在利潤較高，股東們也無異議。

巴納特最後遭受多重打擊，包括他公司的股票莫名其妙地行情大跌，一直值四英鎊的銀行股票，也下跌到僅值三十先令；英布戰爭帶來的南非困難局面長期持續，他的銀行搖搖欲墜；他受到新聞媒體的攻擊，甚至生命也受到威脅，終因精神崩潰而自殺。

巴納特的整個實業生涯，非常典型地反映了許多猶太企業家的共同特點。他從一開始對礦業——無論鑽石礦還是金礦——都一無所知，最後也知之不多，對於他自己組織的公司和銀行如何經營、如何管理，他也從來沒有把握住，完全交給了他的兩個侄子。但他在「擺弄數字」和決定投資方向方面，卻有一種公認的天賦，一種類似於本能的直覺。這也許足以證明，猶太商人確實對錢自身的運行與機制，有著一種天然的親和力。這或許得之於他們悠久的放債傳統，使他們能「赤手空拳」地闖進實業界，並在最短的時間裏發跡起來。而這種模式的普遍存在和廣泛適用只能證明，猶太商人的經營方式，與現代金融資本主義有著高度的契合。

美國石油大王洛克菲勒，對極小的數字都異乎尋常地重視。

一次，他打電話時，向秘書借了五分錢，歸還時秘書不好意思要，洛克菲勒勃然大怒，說：「記住，五美分是一美元一年的利息。」

洛克菲勒最初做的工作是簿記員。其他猶太裔富商也多與數字打過長期的交道，以做數字方面的文章而見長。

注重數字幾乎是所有商人的共性，但只有猶太商人讓數字滲透到生活的每一個角落，無論是在生活中還是在商業裏，都能對數字運用自如，把數字玩轉起來。

在猶太商人的經商理念中，如果你要賺錢，就要把數字準確地運用到生活中，並經常地接近它，否則是要吃虧的。

有一次，一位猶太服裝商人到中國一家服裝加工廠去參觀，工廠的廠長陪著這位猶太商人，在參觀過程中，滔滔不絕地介紹本廠的產量和產值，那猶太人在一位女工作業台前停了下來，問廠長：「這些女工每小時平均工資是多少美元？」

廠長一下被問住了，沉思了半晌後說：「呵，她們月薪平均八百五十元人民幣，每個月工作二十五天，即每天三十四元人民幣。一天工作八小時，即……」

廠長尚未算出每小時的人民幣工資數，那猶太商人卻說：「呵，每小時〇．五美元，現在人民幣對美元的匯率爲八．五元比一美元。」

我方的人員爲他心算的快捷而驚訝。事實上，猶太商人都有這麼一套心算本領，有人說他們有心算的天才。這位猶太服裝商接著從廠長介紹的總產量、每個工人的日產量及每套服裝的用料量，很快心算出每套服裝的成本。換言之，從工廠的報價中，一下就算出其利潤多少，從而訂出他對工廠還價的對策。

作爲買家，當然首先要從自己的購買意圖出發，選擇什麼樣的花色、款式、品種和什麼樣的價格水平，才能適應自己經營的市場需求。但同樣需要弄清楚被採購的產品相關的數量關係，才能有理有據地與賣家進行討價還價的談判，從中確保自己的期望利益。

做買賣，一切活動離不開精確的數量計算，滿足於「估計」、「大概」、「差不多」，容易產生偏誤，甚至會成爲一筆糊塗賬，導致經營的失敗。猶太商人深明大義，他們在步入商界之前就學會了數量的計算，由於世代相傳，心算的技巧就特別好，準確而迅速。

牛仔褲創始人李威·施特勞斯是個猶太人。因家境不佳，一八七〇年跟隨別人從德國到美國西部投入淘金熱潮，希望能淘金發財。到了舊金山後，經過幾星期的淘金生活，他發現那裏人山人海，淘金者中確有人因此賺到了一些錢。但他想，每日從早到晚疲於淘挖不止，一個月也只不過獲得幾十美元。如果在礦場上做生意，供應給千千萬萬的礦工生活必需品，每一百美元營業額賺得二十美元，每天做一百美元的生意，一個月足可以賺六百美元。何況那麼多的礦工在這裏，每天何只做一百美元的生意呢？

經此謀算後，李威決定不淘金了，自己開始擺賣涼水及一些小百貨。果然不出所料，第一個月的營業額就達五千美元，他賺到了超過一千元的利潤，與一名淘金者相比，多賺了幾十倍的錢。以後，隨著他經營品種的增多，賺錢也更多了。在此基礎上，他創造了適合礦工需求的牛仔褲，很快走上發財致富之路。可見，善於謀算是猶太商人成功的經驗。

上面這個例子給我們一個啓示，善於算錢，才能賺錢。不會算，則是一種盲目經商。

◇快速心算

猶太人認爲，機會稍縱即逝，必須快速心算。運用數字，每一處非要不可模糊；運算數字，每一處都絕對精確。

在商場上，猶太人絕對容不得模稜兩可，商定價格時非常仔細，一個美分的利潤，都計算得清清楚楚，一個美分的稅金，都計算得明明白白。

他們不僅算得特別清，而且算得特別快。

他們可以在你介紹了一個員工月薪多少之後，馬上報出這個員工一個小時可以得到多少美元的報酬；可以一看總產量、員工日產量等相關要素，立即算出產品的單位成本。

這能夠使他們在商業夥伴報價之後，立即算出對方的利潤額，從而及時調整還價的對策。

78／22等於多少？猶太人一口可以報出：3.545454；

22／78等於多少？猶太人一口可以報出：0.282051。

討厭數字的經營者，他的企業一般能維持多長時間？猶太人一口可以給出答案：這樣的企業已經死亡。

有例爲證：

日本曾有家企業，老闆喜歡把一億日元說成是一條金槍魚，把一百萬日元說成是一條沙丁魚。他認爲如果把錢當錢看，動用它去投資，就會因遲疑而錯過機會；如果把錢當魚看，動用起來就會像用餐一樣，充滿快感。

話說得似乎有道理，但問題也就出在這裡。這家企業當時的年銷售額只有「三條金槍魚」，老闆卻執意籌措「七條金槍魚」來修建新廠，結果「十條金槍魚」全從他的手指縫中溜走了。

事件的原因挺複雜，但有一條是顯而易見的，這就是那位老闆的數字感實在不強。一億日元只是一條金槍魚，這樣的感覺必定導致決策的草率，從而註定投資的失敗。

把數字作爲數字看待，其實很簡單，但僅僅做到這一點仍然是不夠的。我們還要看清躲在數字背後的事件眞相，體察數字的流動和流速，成爲一個眞正運用數字的人。

訓練這種感覺，有以下的捷徑：

·時時記錄各項收支；

·經常翻看、回想各項收支；

·留意外出時看到的各種數字，與自己聯繫起來想；

·掛完電話即心算電話費；

·在超市流覽各類物品，看其價格，算其成本，估其折舊程度，並隨時在筆記本上記錄下來。

人的右腦大致掌控著音樂、繪畫等藝術的創造，左腦大致屬於數字的世界。爲造就一批敏感於數字的人，「左腦革命」一詞曾一度在全球流行。

而我認爲，大可不必對左腦進行革命。

左腦是思考和計畫的源泉，優秀的商人非要具有優勢的思考和計畫能力不可，而且未來的商業社會必由左腦主宰。

左腦和右腦都不可或缺，但目前一百年內，我們應在鍛煉右腦之前鍛煉左腦，培養快速心算的能力。

猶太人因爲心算快、算得準，所以在錯綜複雜的商場上，能夠作出又快又準的決策，鎮定自如，常獲全勝。

他們對數字有絕對的自信心，但他們的皮包裏一直備有計算器。

「猶太人的心算太厲害了，厲害得叫我啞口無言。」

二〇〇一年十二月八日，一個與猶太商人談判的日本商人，在談判桌前暈倒，這是他醒來的第一句話。

第十箴　合法避稅

納稅天經地義，避稅合理合法。

——《塔木德》

在這個世界上，有些錢可以賺，但有些是不能賺的。因此一定要守法賺錢，不能越規去賺不能要的錢。但對猶太人來說，賺錢還一定要合理。因此在猶太人的經商觀念中，他們一方面信守「絕不漏稅」，一方面又善於「合理避稅」。這就是猶太人的護錢術。要說起世界上的富人，猶太人屬於首富無疑。在歐洲、美洲、亞洲……，到處都有猶太人龐大的財產，按這些財產來收稅，必然也是一筆可觀的數目。好奇的讀者一定會問：「那麼，猶太人是不是也偷稅漏稅？」這句話要是被猶太人聽見了，他們一定會認爲這是對他們的侮辱。「絕不漏稅」，這是猶太人的又一句經商格言，體現了他們強烈的納稅意識。猶太人以能夠納稅爲一大光榮。

猶太人擁有世界上最多的財富，卻比世界上任何一個國家的商人都重視交稅。在猶太人心中，有一套屬於他們自己的觀點，他們認爲，納稅是和國家訂立的神聖的「契約」，無論發生什麼問題，自己也要履行契約。誰偷稅、漏稅、逃稅，誰就是違反了和國家所簽的契約。違反「神聖」的契約，對猶太人來說是無法原諒的。

請看下面的實例。

一個瑞士人到海外旅行，回來時將一顆寶石藏在鞋裏，企圖不通過納稅入境，結果被當地海關查出扣留。一位同行的猶太人看到這種情況時，覺得十分奇怪，問道：「爲何不依法納稅，堂堂正正地入境？」按照國際慣例，像寶石之類裝飾品的輸入費，一般最多不會超過8%，如果照納輸入費，堂堂正正地進入國境，若想在國內再把寶石出賣時，只要設法提價8%就行了，這樣簡單的計算方法，小學生都會。因此說，猶太人的依法納稅實在是一個明智之舉。

許多事實表明，猶太人依法納稅並不只是明智。因爲他們也清楚，依法納稅而不漏稅，這需要一筆較大的費用。如果可能，誰不願意自己多賺點錢、少交點稅呢？爲了合理地交出「稅金」，猶太人不像一般的「聰明」人那樣去偷稅、漏稅、逃稅，而是想出其他絕妙的辦法來賺錢。一千多年來，猶太人之所以能在異國他鄉長期定居下來，且賺的錢比本土國民還要多，很大程度上要歸功於「絕不漏稅」。

當然，猶太人「絕不漏稅」並不表明他們輕易地就交出不合理的稅款。他們討厭被人隨意徵稅。猶太商人在做一筆生意之前，總是要首先經過認眞的計算，這筆生意是否能賺錢，先粗略算出在除去稅款以外，他們有多少錢能裝入自己的口袋。

一般商人在計算利潤時，總是把稅錢算在裏面。例如，中國人說獲利二十萬，那其中一定包括稅錢在內。而猶太人的利潤則是除掉稅錢的淨利。「我想在這場交易中賺十萬美元的利潤。」當猶太人這樣說時，他所講的十萬美元利潤中，絕對不包括稅錢。那麼如果稅錢爲利潤的50％時，猶太人就必須賺取中國人所說的二十萬美元的利潤了。

如果說在「絕不漏稅」方面，猶太人有股「傻」勁，那麼計算除去稅錢的利潤，這實在是太合乎猶太人精打細算的風格了。在國外，董事長的薪俸很高，一般標準是等於該公司職員平均月薪的五十倍。假如公司職員平均工資爲一千美元，則董事長的薪俸應是五萬美元。但是，這樣高的薪俸，許多國家進稅也很高。例如在日本，一個有五百萬日元薪俸的董事長，經累進稅的課征，所剩餘的薪俸僅可糊口而已。這種情景眞是太可憐了。因此，猶太人努力買到一個低稅收國家——列支敦士登的國籍。在未入「列支敦士登」國籍前，他們想出了一個辦法，讓自己當一個廉價的「董事長」，以少徵稅，而因「廉價」而帶來的損失，則可以透過其他方式來獲得補償。

◇偷稅、漏稅、逃稅是無法原諒的，法律允許合法避稅

偷稅、漏稅是不是猶太商人富甲天下的秘訣？這個問題本身，就是對猶太商人集體的誹謗。

「納稅是和國家訂立的神聖契約，」猶太人說，「無論發生什麼問題，我們都要履行契約。偷稅、漏稅、逃稅是無法原諒的。」

但是他們為了多賺點利潤，也在稅收上想了不少點子，最後的答案是兩個字：避稅。

他們在長期的商場歷練中，總結出了一套合法避稅的辦法，對合法避稅有著如下的認識：

．合法避稅是經營活動與財務活動的有機結合。
．合法避稅是經營時間、地點、方式、手段的精巧安排。
．合法避稅是會計方法的靈活運用。
．合法避稅是決策者超人的智慧和高超的管理水平的精彩體現。

猶太人避稅的做法是這樣的：

．讓避稅行為發生在國家稅收法律法規許可的限度內，做到合理合法。

·巧妙安排經營活動，努力使避稅行為兼具靈活性和原則性。

·避稅行為圍繞降低產品價格而展開，以避稅行為增強企業的市場競爭力。

·充分研究有關稅收的各種法律法規，努力做到在某些方面比國家徵稅人員更懂稅收。

其實，猶太商人在世界各地苦心經營各自的一方天地，並沒有多少時間運用他們高超的智慧，去思考如何避稅。避稅不應是從商者的根本目的，即使是一個天才避稅者，也不能夠透過避稅邁入富人的行列。它的根本目的，應在於促使管理者對管理決策進行更加細緻的思考，進一步提高經營管理水平。

即使有合法避稅的初衷，但過分玩弄避稅技巧，濫用避稅方法，還是極易遭遇惡意避稅的風險。

在猶太人的心目中，神聖的契約可以是商品，寶貴的時間可以是商品，爲賺錢可以暫棄自己的宗教信仰，但良知和尊嚴絕對不會出賣。

「納稅天經地義，避稅合理合法。」猶太人的聖典《塔木德》早就有過類似的表述。他們在做到合法避稅的同時，又做到絕不漏稅，從根本上來說，是得益於由《塔木德》等猶太聖典所承載下來的智慧。

合法避稅又絕不漏稅，使猶太商人在世界各地，有了生存的土壤和發展的根基。世界終於接納了這個飽經苦難的民族，目瞪口呆地看著他們迅速地橫掃天下財富，並且脫帽向這群「世界第一商人」致敬。

爲了不使自己的避稅行爲觸犯法律，讓我們再默誦一遍：

・讓避稅行為發生在國家稅收法律法規許可的限度內。

・讓避稅行為兼具靈活性和原則性。

・讓避稅行為降低產品價格，增強市場競爭力。

・讓避稅行為在比徵稅人員更懂稅收的前提下展開。

第十一箴　瞄準女人

讓女人掏腰包的機會，遠比讓男人掏腰包的機會多。

——《塔木德》

猶太人認爲，在這個世界上——

·賺錢的是男人，用男人的錢養家的是女人。

·錢是男人賺的，開銷權卻在女人手裏。

·讓女人掏腰包的機會，遠比讓男人掏腰包的機會多。

·從男人身上賺錢，其難度要比以女人為對象大十倍。

·做女人的盯梢者，打動女人的心，我們的生意才容易成功。

據猶太人說，這是猶太人經商法四千年的公理，因爲是公理，所以不需要證明。

如用若干說明來代替證明，就是這樣的：

「猶太人的歷史，從《聖經·舊約》到一九七二年，正是五千七百三十二年，在猶太人的月曆上，印有『五七三二年』的字樣。猶太人五千多年的歷史告訴我們，男人工作賺錢，女人使用男人所賺的錢，這樣維持生活。所謂經商法，就是要席捲別人的錢。所以不論古今中外，要想賺錢，就必須攻擊女人，來奪取她所持有的錢。這就是猶太人經商的公理。所以，『瞄準女人』就成為猶太人經商法的格言。」

自認為具有常人以上經商才能的人，如瞄準女人經商，必會成功。如認為是說謊而不相信時，不妨一試，絕對會賺錢的。

反之，經商如想席捲男人的錢，則較以女人為對象要難上十倍以上，因為男人根本就未持有金錢，更清楚點講，就是沒有消費金錢的權力。

如上所述，以女性為對象的生意容易做。

比如特別閃耀發光的鑽石、豪華的女用禮服、戒指、別針及項鍊等服飾用品，以及高級女用皮包等商品，都附帶有相當的利潤，來等待商人親近它，只要商人運用它，就會賺得滿皮包的鈔票。因此，做生意一定要掌握這一點，只有打動女人的心，才能使生意成功。

女人和男人相互比較，他們在花費上有許多區別。拿花錢這一日常行為來說，男人會花兩元去買價值一元的他所需要的東西；而女人則會花一元去買標價兩元、但並不是她需要的東西。這個比較暗示女人比男人能花錢，比男人會花錢。

猶太人做生意時，認為讓女人掏腰包，遠比讓男人掏錢出來的機會要多得多。猶太人千百年來的經商經驗是，如果想賺錢，就必須先賺取女人手中所持有的錢。相反的，如果經商者想清洗男人口袋裏的錢，拼命「瞄準男人」，這筆生意則註定會失敗。因爲男人的工作是賺錢，能賺錢並不表示持有錢、擁有錢，消費金錢的權力還是操縱在女人的手中。在花錢方面，男人還得聽女人的。

猶太商人經營的業務，有不少就是以女性爲對象的。猶太商人就是瞄準了這個市場，獲得了比別人更大的盈利。

猶太人給女人們捧上的第一件「禮物」，就是鑽石。

以色列不產鑽石，南非才是世界上最主要的鑽石原料產地，但以色列卻成了世界上最大的鑽石加工地——其年經營額已突破四十億美元，占世界總量的六成以上。

「梅西」公司從一爿小商店開始起步，經過三十多年發展，成爲世界一流的大公司，這樣的事實就說明了這一點。創辦這家公司的猶太人史特勞斯，結束打工生涯當上自己的老闆，就是因爲發現顧客中的女性居多，發現即使男女結伴購物，購買的決定權仍然在女性手中。

史特勞斯的女性用品專營店於是開業了。一開始，他經營的是時裝、手袋和化妝品，幾年之後，增加了鑽石和金銀首飾等業務。他在紐約的梅西百貨公司，共有六層展銷樓面，其中女性用品占了四層，展賣綜合商品的另外兩層中，也有不少商品是專爲女性而擺設的。

「我盯住了一大群女人，」史特勞斯後來感慨地說，「我的店員全部盯上了她們。」牢記著「盯緊女人」，佐藤成了世界上「女性生意經」方面的高手。

佐藤博士開始在繁華的東京銀座開了一家百貨店，但開業兩三年，生意一直冷清。於是，他請教一位猶太朋友。這位猶太朋友只送了他四個字——「盯緊女人」。回到自己的百貨店，佐藤博士開始認眞觀察起顧客的特點來，眞的發現了「盯緊女人」的必要性：女性顧客占顧客總人次的80%左右——即使是男人來逛商店，大多也是給妻子購物或者陪妻子購物。同時發現，白天來的多爲「家庭大嫂」族，下午五點半以後來的多爲上班麗人族。

佐藤博士於是將營業對象鎖定在了女性身上。他爲女性顧客騰出了全部的營業面積；把營業時間一分爲二，白天針對家庭婦女，擺設衣料、廚房用品等生活必需品，晚上則全部換上針對上班麗人族的時髦用品，如精美內衣、名貴香水、超級迷你用品等等，僅女性襪子就不下百種。

新招出奇效，佐藤博士商店的顧客越來越多，以致營業面積日顯不足。在因諸多原因不能完全仿照大百貨公司擴建經營的情況下，他果斷決策：商店專營女性內衣及襪子。

佐藤的女性內衣及襪子專營店就這樣迅速開業了。

這一專業經營法使以往的常客銳減，但名聲因特色獨具而傳播四方，吸引了更多的女性前來購貨。加上可供顧客選擇的品種豐富，款式流行，尤其是「節省衣料」的內衣使女人更加性感，適應了日本女子在家穿著暴露以吸引丈夫或男朋友的需要，另外加上專營店也有價格優勢，佐藤的商店一下子銷路大開。

後來，佐藤專營店的分銷點達到了一百多家，基本引導了全日本的女性襪子和內衣市場。

盯住女人的結果，使佐藤成了日本首富之一。

佐藤不厭其煩地對我說起了女性消費者的特點或者弱點：

「原價一百元的東西降價爲九十八元，三位數降到兩位數，女人的感覺便是便宜多了。」

「男人會花兩元去買標價一元的、他所需要的東西；女人則會花一元去買標價兩元的、她不需要的東西。」

「只要某廣告提到某廠商正在某地舉辦大拍賣，大多數女人就甘願花三十元的車費，去購買一樣只便宜十元的東西。」

「三個蘋果九十元，女人們大多知道一個蘋果三十元；三個蘋果八十元，大多數女人為知道一個蘋果的價格，往往會掏筆演算一番。」

「女人比男人喜歡觸摸。男人只是比女人喜歡想入非非的觸摸；女人的觸摸，往往表現為一種暗自揣測。若沒有摸一摸、揉一揉衣物，女人是絕對不會下決心購買的。其他商品也是一樣。」

「不可品嘗的食品，女人也要用手捏捏，以鑑定其品質。精美的商品被不透明的紙袋精美地包裝著，女人們就不敢做購買的嘗試。」

「與其大費唇舌地向女人推銷，不如讓女人摸一下、看一下。」

佐藤不愧是佐藤。他說，把商品以高價賣給女人，還要讓女人把眼睛看花。說著，他神秘兮兮地掏出一張寫有九行文字的紙片。只見紙片上寫著：

・大的東西比小的東西醒目。
・動態的物體比靜態的物體醒目。
・色彩鮮明的比色彩晦暗的醒目。
・背景協調的比背景色雜亂的醒目。
・圓形的比方形的醒目。

·人比物醒目。

·外國的比本國的醒目。

·與顧客有關聯的比與顧客無關聯的醒目。

·女人美麗的容顏，男人愛看，女人也愛看，這是最為醒目的。

這張紙片的背面還有三行大字：

·如果想賺錢，就必須盯緊女人，先賺女人持有的錢。如果只瞄準男人，只能清洗他們口袋裏的零用錢。

·男人來到世上就是賺錢的，但賺錢並不表示擁有錢。

·消費權操縱在女人手中，男人以此顯示對女人的忠貞。

最重要的是，一方面盯緊別人的女人，賺女人掌管的錢；另一方面盯緊自己的女人，別讓她花費無度。

第十二箴　經營用嘴巴的生意

嘴巴是消耗的無底洞，地球上當今有六十多億個「無底洞」，其市場潛力非常非常的大。

——《塔木德》

猶太商人發跡的另一財源，就是人類的嘴巴。可以說，嘴巴是消耗的無底洞，地球上當今有六十多億個「無底洞」，其市場潛力非常非常的大。為此，猶太商人設法經營凡是能夠經過嘴巴的商品。如糧店、食品店、魚店、肉店、水果店、蔬菜店、餐廳、咖啡館、酒吧、俱樂部等等，多不勝舉。

猶太人認為，入口的東西必然要消化和排泄，一美元一支的霜淇淋，十美元一份的牛排，進入人的口幾小時後，都會化作廢物排泄掉。如此不斷地循環消耗，新的需求不斷產生，商人可以從經營中不斷賺到錢。當然，經營食品不如經營女性用品見利快。為此，猶太生意經中把女性商品經營列為「第一商品」，而把食品列為「第二商品」。婦女用品雖然容易賺錢，但是仍需要某種程度的經商才能來運用它，由商品的選擇到推銷，都需要經商才能。

然而，猶太人經商法的第二種商品「嘴巴」生意，是庸俗的凡人或比凡人更低才能的人也可以做的生意。

民以食爲天，所以「吃」是天下一筆最大的生意。猶太人認爲嘴巴的功能有二：一爲說，一爲吃。猶太商人經過他們幾千年的反覆實驗，總結出「嘴巴」也是最能賺錢的商品之一。每個精於賺錢的人，都必須掌握這樣一條贏錢術——善於在嘴巴裏挖錢！

日本漢堡店的創始人，在二十世紀七〇年代初期，與美國麥當勞速食公司合作，向日本人提供物美價廉的漢堡。開始經營的時候，許多日本商人都認爲，在習慣於吃大米的日本推銷漢堡，不可能有市場。但猶太商人經過研究指出，日本人體質孱弱、身材矮小，這很可能與偏吃大米有關，同時他又看到，美國漢堡店的效應正席捲全球，未來將是速食的時代。基於這兩點，猶太商人認爲，同樣是用「嘴巴」的商品，在美國能暢銷，在日本爲什麼不能走紅？再說，根據猶太人「嘴巴」生意經的觀點來看，也絕對是賺錢的。

在這種情況下，這個猶太商人的漢堡店開業了。第一天，果不出所料，顧客盈門，利潤還大大超過這個猶太商人事先想像的程度。以後，利潤有如「芝麻開花節節高」，一連用壞了幾台世界最先進的麵包機器，還是無法滿足顧客的消費要求。這個猶太商人利用「嘴巴」生意發了大財！

還有一位大企業家辛普洛特，他在發跡之前被問到：

「靠馬鈴薯能致富嗎？」

「能。」辛普洛特說，「肯定能。」

如今，辛普洛特是世界最有錢的百位富豪之一。

辛普洛特涉足食品加工業的背景是，二戰中，美軍作戰部隊需要大量的脫水蔬菜。買下美國最大的一家蔬菜加工廠以後，他專門加工脫水馬鈴薯供應前線，工廠規模迅速擴大。

二十世紀五〇年代初，凍炸薯條被某家公司研製出來。當時人們認為，馬鈴薯中水分與其他物質的比例高達 78:22，冷凍會讓它的味道變糟，根本不看好這一新技術。辛普洛特卻認為商業應瞄準「嘴巴」，而「嘴巴」瞄準的是新鮮的味道。於是，他冒險上馬了「凍炸薯條」生產線。

對瞄準「嘴巴」的深入理解和長期堅持瞄準「嘴巴」，使辛普洛特躋身了富豪行列。

瞄準「嘴巴」具有豐富的內涵；如何炸好薯條是一門需要認眞對待的學問。針對每個馬鈴薯只有一半得到利用，有一半在分類、去皮、切條和光感測器去斑的過程中，被當作垃圾扔掉的情況，已是富豪的辛普洛特又瞄準了牲口的嘴巴。

他把馬鈴薯中人不可食用的部分摻入穀物，製成牲口飼料，結果僅人不可食用的馬鈴薯條，就飼養了十五萬條牛。

與此同時，辛普洛特還用馬鈴薯來製造燃料添加劑，緩和了石油危機中油品的短缺；用馬鈴薯加工過程中產生的富含糖分的廢水灌溉農田，提高了土地的肥沃度；把牛糞賣給沼氣發電廠……

一個龐大的馬鈴薯帝國就這樣被構建起來。自此，辛普洛特每年銷售大約十五億磅加工過後的馬鈴薯，其中一半做了麥當勞速食店裏的炸薯條。

辛普洛特每年因馬鈴薯而獲利潤都在十二億美元以上，其他從事飲食業的猶太人賺了多少錢，實在是難以統計。

在以色列，在歐洲，在世界各地，他們的飯店、酒吧和夜總會比比皆是。

只要有人的地方，就有飲食業的市場，飲食業是永遠不會衰落的黃金產業，是永不枯竭的財富源泉。正是因爲猶太人對此篤信不疑，他們甚至可以滿懷希望地，經營著小小的蔬菜店、麵包房、點心鋪以及水果攤。

從上面的例子可以看出，猶太人善於做的「嘴巴生意」，是最務實的贏錢方式。數不清的鈔票，就這樣一窩蜂地擠進了他們的口袋。

只要能吃，我們都賣（毒藥例外）。——一個猶太食品公司的廣告詞

第十三箴　厚利適銷

名貴的商品，都是給財主們準備的。

這個世界已經向財主的口袋發起了攻擊。

——《塔木德》

世界78％的財富掌握在22％人的手中，這就決定了賺富人的錢比賺窮人的錢容易；富人78％的錢是從窮人那裏賺來的，這就決定了賺富人的錢比賺窮人的錢容易。

名貴的商品，都是給財主們準備的，因爲一個財主聚斂了大把的錢，目的就在於痛痛快快地享受每一種奢侈。豪宅，名車，高檔的娛樂，奢華的宴席……，種種跡象表明，這個世界已經開始向財主的口袋發起了攻擊。

那麼你如何獨闢蹊徑，很方便地把財主的錢掏出來呢？

下面有個猶太故事，可以讓你知道財主最需要的是什麼，從而讓你知道應該做些什麼。

一個老財主在歐洲大陸上四處遊蕩，尋找一個世上最偉大的拉比。

最偉大的拉比終於被他找到了。

拉比問他來幹什麼，財主說要一件東西。

「你這麼有錢，還有什麼買不到的嗎？」拉比說。

「榮譽和權力可以買到，但不是我需要的；豪華的宮殿，精美的食物，美麗的女人，這些也可以買到，但這些也不是我需要的。」

財主正準備說下去，拉比問道：

「你說你需要什麼吧！」

「我要得到永生的秘密。」財主答道。

「放棄所有的財富，放棄喧鬧的塵世，就能得到永生。」拉比說完就不見了。

＊　＊　＊

一個靠吝嗇起家的土財主快要死了。臨終之際，他的家人催促他吃點東西，不能餓著肚子去見上帝。

「如果給我一個熟雞蛋，我就吃。」他說。

一個熟雞蛋拿來了。

土財主正要吃雞蛋，忽然聽到一個窮人在屋外乞食。於是，他命令家人把雞蛋給了窮人。

這個土財主餓著肚子死了。

在天堂裏，那些生前一直爲善的人看見了這個土財主，於是就問神耶和華：

「我的主啊，這個吝嗇的人怎麼也來了？」

「哦，善人們，他在塵世生命的最後一刻已經醒悟了，那個雞蛋抵消了他的所有惡行。」

* * *

那麼，我們怎樣才能賺到財主的錢呢？

根據猶太商法，窮人賺財主的錢，就不能只是慨歎命運不濟，而要千方百計地闖進富人堆裏，汲取財主致富的思想，調整自己愁苦的心態，按照財主的思維去思維。

爲了從財主那裏賺來大把的錢，猶太商人一般不做「薄利多銷」的買賣。

他們做的是「厚利適銷」的生意。

猶太商人認爲，進行薄利競爭，即如同把脖子套上絞索，愚蠢之至。他們還認爲，同行之間展開薄利多銷的戰爭，總希望以比其他競爭者更低的價格多售出商品，這種心情是可以理解的。但在考慮低價的銷售前，爲什麼不考慮多獲一點利呢？如果大家都相互以低價促銷，廠商哪能維持長久的經營呢？何況市場是有限的，消費者已買夠了商品，價格再低，也很少有人要了。

猶太商人對「薄利多銷」的行銷策略持相反的態度有其道理。他們認爲：在靈活多變的行銷策略中，爲什麼不採取上策而採用下策？賣三件商品所得的利潤，只等於賣出一件商品的利潤，這是事倍功半的做法。上策是經營出售一件商品，就應得到一件商品應得的利潤，這樣既可省了各種經營費用，還可保持市場的穩定性，並很快可以按適價賣出另外兩件商品。而以低價一下賣了三件商品，市場已經飽和，你想多銷也無人問津了，利潤起碼比高價出售者少了很多，並毀了市場後勁。

猶太商人在經營活動中，除了堅持「厚利適銷」的做法外，爲了避免與其他商人的薄利多銷產生衝擊，他們寧願經營昂貴的消費品，也不經營低價的商品。因此，世界上經營珠寶鑽石等的，猶太人居多。猶太人選擇這種行業爲主，顯然是避開那些薄利多銷的競爭者，因爲這些競爭者一般沒有資本或力量，經營這類資本密集型的商品。金融證券行業也是這樣，美國華爾街的金融證券大亨，猶太人占的比例最大。

猶太商家的「厚利適銷」策略，實質上是一種「逆傳統術」，在商品經濟的長期發展過程中，市場競爭越來越激烈和多樣化，但亦形成了許多形式和規律，被稱爲傳統競爭術。一些有創造性思維的經營者，爲了取得出奇制勝的競爭效果，往往開創出與眾不同的競爭手法，猶太商人的「厚利適銷」辦法，不但出奇，而且與傳統競爭法「薄利多銷」反其道而行之，故被稱爲「逆傳統競爭術」。

猶太商人「厚利適銷」的行銷策略，是以有錢人和巨額營業爲著眼點的。名貴的珠寶、鑽石、金飾，一擲千金，只有富裕者才買得起。既然是富裕者，他們付得起，又講究身份，對價格就不會那麼計較。相反的，如果商品價格過低，反而會使他們產生懷疑。俗語說：「價賤無好貨。」這句話富有者印象最深。猶太商人就是這樣抓住消費者的心理，開展「厚利適銷」的策略行銷的。即使經營非珠寶、非鑽石首飾商品，也是以高價厚利策略行銷。

如猶太人施特勞斯創辦的美國最大百貨公司之一的梅西百貨公司，它出售的日用百貨品，總要比其他一般商店同類商品價高50％左右，但它的生意仍不錯。一九九三年它的銷售額，在當年全美一百家最大百貨公司中排名第二十六位，但它的利潤值卻爲五億四千萬美元，居第四位，與排第三位的、年銷售額三百四十一億美元的凱馬特百貨公司的利潤相差無幾。

猶太商人的高價厚利行銷策略，表面上是著眼於富有者，事實上是一種巧妙的生意經。具有講究身份、崇尚富有心理的人，在西方社會、東方社會比比皆是，在富有階層流行的東西，很快就會在中下層社會流行起來。據猶太人統計分析，在富有階層流行的商品，一般在兩年左右時間，就會在中下層社會流行開來。道理很簡單，介於富裕階層與下層社會之間的中等收入人士，他們總想進入富裕階層，爲了滿足心理的需求，或出於面子的原因，總要向富裕者看齊，因此，他們也購買時髦的高貴新品。而下層社會的人士往往力不從心，價格昂貴的產品消費不起，但崇尚的心理會驅使一些愛慕富貴的人行動，他們也會不惜代價而購買。這樣的連鎖反應，使得昂貴的商品也成爲社會流行品，如金銀珠寶首飾，現在不是成爲各階層婦女的寵物了嗎？彩電、音響等原來屬昂貴商品，現在也進入了平民百姓家庭；小轎車早已成爲西方大眾的必需品。可見，猶太商人的「厚利適銷」策略是「醉翁之意不在酒」，是盯著全社會這個大市場的。

由此可見，猶太人採用「厚利適銷」的抓錢術，是與市場調查和市場需要分不開的，這是一種十足的逆向思維。

◇關注有錢人的流行趨勢

要使某種商品流行起來，有其訣竅。流行一般分爲兩種，一種起源於有錢人，另一種則發端於普通老百姓。發源於普通老百姓的東西，一般來勢很兇猛，而且流行面廣，但維持的時間卻很短。就像曾流行過的「呼拉圈熱」，一閃而過。發源於富人的流行趨勢，雖然發展較慢，但持續時間卻很長。一般從富人普及到老百姓至少需兩年時間，在這兩年內，一旦把握住流行趨勢，就可以大發其財。

俗話說：「人往高處走，水往低處流。」一般人都羨慕上流社會，而且願與上流社會的人交往，上流社會中流行的衣飾等，無疑對一般人具有很大的影響，使許多人競相模仿，尤其是女性，少男少女中的追星族就更不必說了。

因此，猶太商人常常巧妙的利用人們這種「向上看」的心理，去操縱流行趨勢。猶太大富豪羅斯柴爾德發跡時，就是利用收藏古錢幣，讓其從上流社會中先流行起來，然後再逐漸普及於大眾中間。此外，日本的漢堡大王藤田田的發跡史，也體現了這種流行觀。

藤田先生不僅靠漢堡大發其財，而且還作女人和小孩的生意，如鑽石、時裝、高級手提包等。

在經營過程中，他首先把物品放在上流社會中，有錢人的流行趨勢上，無論是鑽石的花樣、服飾的色彩還是手提包的樣式，都是按照有錢人的喜好特製的。結果，他的商品不僅暢銷，而且二十年來經久不衰，從未發生過「流血大拍賣」的事。當然，藤田先生之所以能戰勝競爭對手，還在於他善於從實際出發、靈活多變，絕不是只知道選購在歐美最風行的服飾。因為歐美的服飾只適合那些金髮碧眼、身材修長的歐美姑娘，而日本的婦女黃皮膚、黑頭髮、個子矮小，和那些服飾很難和諧。有錢的人即使錢再多，也不會拿錢去買不適合自己的東西。所以，那些只知其一、不知其二的商人們，雖然片面地趕上了有錢人的時髦，但不針對問題具體分析，恐怕最終還免不了虧本。藤田先生的成功，恐怕與他靈活地運用猶太生意經有很大的關係。

現代市場瞬息萬變，能夠把握一種流行趨勢實屬不易。這就要求每一個生意人在作出任何一項決策前，必須仔細研究分析市場，既要能趕上潮流，還要超前於潮流。因爲，人們的需求在不斷變化，市場也在不斷變化，今天暢銷的產品，也許明天就無人問津了。

就像跳舞一般，快於節奏或慢於節奏都不行。

◇絶對勝利的推銷法

猶太商人要高價推銷某種商品時，總是先向消費者贈送各種資料，說明該商品應該高價出售的道理。例如統計資料、宣傳小冊子等，都儘量加以運用。

猶太人贈送資料後說：「用贈送的資料來教育消費者。」

他們絶對不說：「減價賣給你吧！」

他們認爲「商品有把握，所以不減價」，並認爲「日本人對商品沒有自信，所以才減價」。猶太商人「便宜不賣」的心情，充分證明他們對自己所推銷的商品頗具自信。因爲是好商品，所以不減價，因爲不減價，所以才利錢大。猶太人經商賺錢的奧秘就在此。

◇高額定價賺錢法

猶太商人認爲，一些有聲譽的老店和一些名牌商品，消費者對它產生了信任感，因此價格可以定得高一些，這樣既提高了商品的價格，也提高了商品的聲望。請看一則故事：

美國亞利桑那州大峽谷沙漠中，有一家麥當勞的分店，遊人都喜歡在此解決肚子的問題，其實這裡的價格，要比其他地方的麥當勞連鎖店高出一大截，正如店家標榜的「本店價格最貴」，但人們並不在乎，因爲此「貴」非彼「貴」，其貴得有理。且看店堂裏醒目的「誠告顧客」：

由於本地常常缺水，所需用水需從六十英里以外運來，其費用是常規的二十五倍；爲吸引雇員，我們需支付較其他地方高得多的工資；爲了在旅遊淡季亦能正常營業，本店還得隨季節而虧損；又由於遠離城市、地處偏僻，本店的原料運輸昂貴。所有這些因素，使本店的商品價格昂貴，但我們爲的是向您提供服務，相信您會理解這一點。

話說到這個份上，理由再明白不過了。遊人儘管吃著「最貴」的漢堡、熱咖啡、薯條，但沒人有被「宰」的感覺，反覺得錢花得「值」，其實，這裏定價貴最最根本的原因，還是在於麥當勞本身的魅力。一九九六年美國十大商標中，麥當勞超過了可口可樂獲得第一位。本來以麥當勞「世界各地一模一樣」的宗旨，它不應該在地理位置較差的地方提供同樣服務時，收取更高的價格，這個例外最根本之處，是它本身的聲譽。這體現了美國人的精明，也是麥當勞之所以敢於宣稱「有教堂的地方就有麥當勞」的原因。

威望聲譽定價的另一種形式，是有意把某些商品價格定高，目的並非銷售這種商品，而是帶動其他商品的銷售。如瑞士生產價格幾十萬美元的「勞力士（Rolex）」手錶，其實銷量很低，生產者並不關心此種手錶的銷售情況，而更感興趣的是借這種昂貴手錶的聲望，增加其他手錶的銷量與信譽。

美國紐約的第四十二大街上，有個生產經營服裝的猶太商人魯爾開設的經銷店，門面不大，生意也不怎麼興隆。魯爾專門聘請的高級設計師，精心設計的、世界最新流行款式的牛仔裝，首次上市銷售。他對這一產品寄託了很大的希望，企盼一舉改變自己經營不景氣的狀況。爲此，他投入了六萬美元的資金，首批生產了一千件，成本爲五十六美元，基於打開市場的需要，他採取了低額定價的策略，把每件定爲八十美元，這在服裝產品定價中算是比較低的了。魯爾心想，憑著新穎的款式和低廉的價格，今天一定會開門大吉，發個利市。

可是，大張旗鼓地叫賣了半個月，購買者卻寥寥無幾。急昏了頭的魯爾鐵下一條心來，每件下降十元銷售，又呼天喊地叫賣了半個月，購買者卻仍不見多。估摸著低價之下必有勇夫，魯爾又降低了十元錢價格，這可接近於跳樓價了，但銷售狀況仍是「外甥打燈籠——照舊」。乾脆大特價吧，每件五十元，工本費都不要了，實行賠本清倉，可除了吸引了不少看客外，連原來還有幾個顧客的情形也更加不如了，購買者「落花流水春去也」，不再光顧。

徹底絕望的魯爾自認命該倒楣，索性也不再降低和叫賣了，他讓人在店前掛出「本店銷售世界最新款式牛仔裝，每件四十元」的廣告牌，至於能否銷售出去，只好聽天由命了。誰知廣告牌一掛出，陸陸續續來了不少購買者，興致盎然地挑選起來。站在一旁的魯爾這回可傻了，呆若木雞地立在一旁。原來，他的店員一時粗心大意，在四十後多加了個零，這樣每件四十美元就變成了四百美元了，價格一下子高出十倍，購買者反倒一擁而上，不一會兒的功夫，倒還眞賣出了七八件，並且隨後的銷售狀況是越來越好，「芝麻開花節節高」，生意空前的興隆。一個月過去了，雖然魯爾仍然是「丈二金剛摸不著頭腦」，糊裏糊塗地，他的一千件牛仔裝已經全部銷售一空。差點血本全無的魯爾，轉瞬之間發了橫財，高興得他不亦樂乎。

在採取「低廉定價法」讓魯爾一籌莫展的情況下，爲什麼意外導致的高價，反而讓魯爾扭轉乾坤，一舉賺取了高出原來預期十倍的利潤呢？在魯爾想來，這或許是他暗中積了不少德，讓天可憐之故。其實不然，這是消費者的購買心理在起作用。魯爾的世界最新款式的牛仔裝，主要銷售對象是那些愛趕時髦的年輕人。他們的購買心理特點是講究商品的高檔次，高質量和時髦新穎。對服裝的需求不僅講求時新，而且講求派頭，以滿足自己的虛榮心和愛美之心。雖然魯爾的牛仔服裝款式新穎，但因爲開始定價太低，他們便誤以爲價低則質次，穿到身上有失體面；當後來價格抬高十倍時，他們便以爲價高而貨眞，因而踴躍購買。

當然，値得一提的是，魯爾的牛仔裝是「奇」貨，地道的時新產品，因此才能滿足這部分消費者的需求。假如魯爾的牛仔裝是司空見慣的大路貨，毫無特色可言，他標得再高也銷不掉，這些消費者可不都是吃素的。萬一他們發現上了一個天大的當，鋪子都非得給拆了不可。

我們知道，物美價廉、薄利多銷是一種有效的競爭手段，也是符合一般消費者心理特點的定價策略。但這種定價方法，並非在任何情況下都能奏效。

猶太商人認爲，「奇貨可居」是公司採取高額定價的一個基本原則。所謂奇貨，不僅包括新產品、稀有產品，也包括名牌產品。對名牌產品，人們看重的是它的名氣。換句話說，名氣是它們的本錢。而這些名氣是靠價格來培養的。名牌產品在行銷中採用高額定價法，能夠鞏固名牌的高貴地位，保持特優的身價，維護其至高無上的優勢，當然也能賺取超額利潤。

第十四箴　在資訊裏找錢

資訊是有價的。

——《塔木德》

猶太商人重視商業情報，為之花費巨大的財力、精力亦在所不惜。尼桑·羅斯柴爾德個人的情報網，曾經比當時英國政府的還要厲害。它讓尼桑比英國政府更早地了解到了滑鐵盧戰役的戰況，幫助尼桑在交易所內大發橫財。經營大陸穀物公司的福裏布林，幾乎把自己的公司變成了專業的資訊公司，他購置一流的資訊設備，聘請一流的資訊專家，包括各國情報局的退休人員。準確的資訊使他的每筆交易都獲得成功。

商業舞臺越大，商情就越重要，一向以世界為舞臺的猶太商人，對資訊的理解和重視，自然甚於常人。

人類社會從事資訊產業的第一人是猶太人，世界最早的通訊社，也是猶太人開辦的。

成功的商業活動，無不源於某一種奇思妙想。也可以這樣說，所有的商業活動，都是我們某一刻的某種設想的演繹。

而這些想法，無論奇妙與否，都是由某一種資訊觸動的。

猶太民族自古以來就異乎尋常地關注資訊。但可以肯定的是，他們當初重視資訊的收集、整理和運用與金錢無關。

古時的猶太人稱資訊爲「兆頭」，專指與勝敗、生存有關的消息。

後來，西姆思拉比在《塔木德》中說出了「資訊是有價的」，宣告和預言了資訊時代的必然來臨。

希伯來語中的「語言」一詞，包含著「產品」、「經營活動」和「資訊」三個詞的意思。猶太人敏感於資訊，也許是在不知不覺中受到這一辭彙的暗示。

有充分的證據表明，人類社會從事資訊行業的第一人是猶太人，他就是西元前一千三百年左右的約書亞。

約書亞一開始爲摩西從事間諜活動，在摩西去世後，繼承了摩西未竟的事業，統率以色列的十二個部族征服了約地迦南。

也許是受約書亞的影響，猶太人中涉足資訊業的特別多，而且這些人在猶太社會內部的地位都比較高。

他們在資訊的搜索、整理和運用活動中，逐步形成了如下理念：

．經濟活動能不能順利開展，與商業活動資訊和產品資訊皆息息相關。

．資訊、產品、經營三位一體，構成完整的經濟活動。

．商品離開了資訊，便不能產生價值。透過資訊（語言）描述商品，表達商業活動的構想，說明商品的價值，商品才有流通的可能。

．能夠說明商品功能和表達服務內涵的資訊（語言）是最大的商品，是創造價值的資源。

．不斷積累零零散散的資訊，再對其進行系統整理，也可作為可用的情報。

基於對資訊重要性的清楚認識，羅斯柴爾德財團的創始人——猶太裔的羅斯柴爾德在創業之初，就十分重視資訊工作。他們一家在世界範圍內，建立了一張巨大而又高效的情報網。快速而又準確的資訊，以及對整理、運用資訊的擅長，是羅斯柴爾德財團長盛不衰、傲視世界的秘訣之一。

伯納德．巴魯克是美國著名的猶太裔實業家、政治家和哲人，二十多歲就因擁有一雙明亮而銳利的眼睛而成爲百萬富翁。

對於許多人看來是風馬牛不相及的事情，巴魯克都能發現它們之間的內在聯繫，並在這種聯繫中，抓住屬於自己的生意機會。

一八九九年七月初的一個禮拜天的深夜，不到三十歲的巴魯克仍然透過廣播，關注著美西戰爭的進展，忽然聽到美國海軍在聖地牙哥打敗西班牙艦隊的新聞。

「美西戰爭將告一段落，這時吃進股票準能發大財。」巴魯克馬上作出了這樣的判斷。雖然美國的證券交易所禮拜一一般不營業，但第二天一早，巴魯克還是包下了一趟火車，以十九世紀末最快的速度，從家裏趕到自己的公司，在私人證券交易所輕輕鬆鬆地吃進了大量股票，眞的創造了一夜暴富的奇跡。

深諳《塔木德》之義的猶太人查理．亞巴斯，於一八三二年在巴黎創立了亞巴斯通訊社，直接靠賣資訊賺起了錢。

亞巴斯通訊社是世界最早的通訊社，如今的法新社即由它發展而來。

猶太人羅伊特在亞巴斯通訊社幹了一段時間，便在英國創立了路透社，單獨幹起了新聞配送業務。

這兩大西方新聞社，每年都要在資訊流通中，掘取一桶又一桶的黃金。

在美國，《紐約時報》和《華盛頓郵報》都是由猶太家族創辦的。現任美聯社董事會主席唐納德．紐豪斯也是猶太人。

猶太人靠資訊發財的例子俯拾皆是，不勝枚舉。

如今在世界資訊流通領域，到處都有猶太人和猶太裔的身影。

在如今的資訊時代，猶太人個個都是資訊庫，個個都是在資訊中找錢的高手。憑藉著幾乎是與生俱來的對資訊的敏感，猶太人終於以操縱世界經濟的形式，成了這個世界的主宰。

資訊到處都有。

在資訊裏找不找得到錢，關鍵在於你有沒有一雙明亮的眼睛。

◇資訊的價值在於速度

猶太人最講究做生意時以速度取勝，認爲一個人經商是否成功，至少有80％是與出擊速度相關的，這樣可以先人一步、先拔頭籌。

猶太巨富羅斯柴爾德的三兒子尼桑，年輕時在義大利從事棉、毛、煙草、砂糖等商品的買賣，很快便成了大亨。這位傳奇式人物的表現很讓人稱道，但最使人稱奇的是，僅僅在幾小時之內，他就在股票交易中賺了幾百萬英鎊。

一八一五年六月二十日，倫敦證券交易所一早便充滿了緊張氣氛。由於尼桑在交易所裏是舉足輕重的人物，交易時他又習慣地靠著廳裏的一根柱子，所以大家都把這根柱子叫做「羅斯柴爾德之柱」。現在，人們都在觀望著「羅斯柴爾德之柱」的一舉一動。

就在昨天，即六月十九日，英國和法國之間進行了關係兩國命運的滑鐵盧戰役。如果英國獲勝，毫無疑問的，英國政府的公債將會暴漲；反之，如果拿破崙獲勝的話，必將一落千丈。

因此，交易所裏的每一位投資者，都在焦急地等候著戰場的消息，只要能比別人早知道一步，哪怕半小時、十分鐘，也可趁機大撈一把。

戰事發生在比利時首都布魯塞爾南方，與倫敦相距非常遙遠。因爲當時既沒有無線電，也沒有鐵路，除了某些地方使用蒸汽船外，主要靠快馬傳遞資訊。在滑鐵盧戰役之前的幾場戰鬥中，英國均吃了敗仗，所以大家對英國獲勝抱的希望不大。

這時，尼桑面無表情地靠在「羅斯柴爾德之柱」上，開始賣出英國公債了。

「尼桑賣了」的消息，馬上傳遍了交易所。於是，所有的人毫不猶豫地跟進，瞬間英國公債暴跌，尼桑繼續面無表情地拋出。正當公債的價格跌得不能再跌時，尼桑卻突然開始大量買進。

交易所裏的人給弄糊塗了，這是怎麼回事？尼桑玩的什麼花樣？追隨者們方寸大亂，紛紛交頭接耳，正在此時，官方宣佈了英軍大勝的捷報。

交易所內又是一陣大亂，公債價格持續暴漲。而此時的尼桑，卻悠然自得地靠在柱子上，欣賞這亂哄哄的一幕。無論尼桑此時是激動不已也好，或者是陶醉在勝利的喜悅中也好，總之他發了一筆大財！

表面上看，尼桑似乎在進行一場賭資巨大的賭博。如果英軍戰敗，他豈不是損失一大筆錢？實際上，這是一場精密設計好的賺錢遊戲。

滑鐵盧戰役的勝負，決定英國公債的行情，這是每一個投資者都十分明白的，所以，每一個人都渴望比別人搶先一步，得到官方情報。唯獨尼桑卻例外，他根本沒有想依靠官方消息，他有自己的情報網，可以比英國政府更早了解到實際情況。

羅斯柴爾德的五個兒子遍佈西歐各國，他們視資訊和情報爲家族繁榮的命脈，所以很早就建立了橫跨全歐洲的專用情報網，並不惜花大錢購置當時最快最新的設備，從有關商務資訊到社會熱門話題，無一不互通有無，而且情報的準確性和傳遞速度，都超過英國政府的驛站和情報網。正是因爲有了這一高效率的情報通訊網，才使尼桑比英國政府搶先一步獲得滑鐵盧的戰況。

另外，尼桑的高明之處還在於，他懂得欲擒故縱的戰術。若是換了別人，得到情報後便會迫不及待地買進，無疑也可賺一筆。而尼桑卻想到了利用自己的影響，先設一個陷阱，造成一種假像，引起公債暴跌，然後再以最低價購進，只有這樣才能大發一筆。這個搶先一步發大財的故事，足以說明情報和資訊對於生意人的重要性。

在強手如雲、人才濟濟的商戰中，當機會到來時，很可能有許多人同時發現機會，幾個競爭對手一同向一個目標進擊。這是力量的角逐、智慧的競爭，更是速度的較量。猶太人堅持這樣一個觀念：經商時，究竟鹿死誰手，很大程度上取決於速度。因此，在方向、條件不變的前提下，速度與力量成正比。流水之所以能漂石，在於其速度；飛鳥之所以能捕殺鼠兔，也在於其速度，有速度才有優勢。不明白這一點則難以經商。

猶太商人相信「資訊就是金錢」的說法，認爲一個適當的資訊，就可能決定成敗存亡，因此猶太商人形成了對資訊的高度重視與敏感。

事實上，猶太商人的消息靈通是世界聞名的。據日本商人說，猶太商人非常喜歡收購國外的破產企業，每當日本有讓猶太商人看中意的企業破產之時，遠在美國的猶太商人，便會最先獲悉這一消息，而許多日本企業主近在國內，卻是「出口轉內銷」，還得從猶太人那裏獲得有關資訊。

此外，猶太商人還認爲，如果得到加工某種產品很有市場銷路的資訊，就要快速實施，做到四快：

1. 快速設計。

即有銷路的新產品，按照其規格、質量、牌子進行設計，且設計的時間不能拖得太久，以免耽誤時間，影響快速投產。

2.快速籌資。

設計完成後，要儘快籌集資金。凡從事一個經營項目，沒有一定資金的投入，問題就不好解決。而籌集資金並不是一件容易的事，應該把需要數量、籌集管道弄通，一定要資金齊備，不誤時機。

3.儘快投產。

只要生產或經營條件具備了，就要在保證質量的前提下，以最快速度，把產品生產出來，完成商品上市銷售前的所有程式。

4.銷售要快。

俗話說：「行情是六月的天，瘋狗的臉，說變就變。」當你把產品生產出來，一定要趁著行情好的時機趕快銷掉，將產品變成貨幣。

當然，猶太商人認爲，也會發生另一種情況，當你的產品生產出來，商品運輸回來時，市場行情不好。但據分析預測，等一段行市會漲，那就不妨等待時機。這樣利用資訊，就一定會賺錢。

◇把一個資訊變為一把金鑰匙

猶太商人認爲，有了寶貴的資訊，得到了好的主意，還需要有確實可行的措施，才能使願望變成現實，把資訊變爲金錢，否則一切都還只是空想。

美國佛羅里達州有個猶太小商人，注意到家務繁重的母親們，常常臨時急急忙忙上街爲嬰兒購買紙尿片，於是靈機一動，想到要創辦一個「打電話送尿片」公司。

送貨上門本不是什麼新鮮事，但送尿片則沒有商店願意做，因爲本小利微。怎麼辦？

這個小商人又靈機一動，他雇傭全美國最廉價的勞動力——在校大學生，讓他們使用的是最廉價的交通工具——自行車。他又把送尿片服務擴展爲兼送嬰兒藥物、玩具和各種嬰兒用品、食品，隨叫隨送，只收15％的服務費。

後來，他的生意越做越興旺。

經營者獲取市場訊息，制定經營策略，爲的是要把握機會。所謂機會，是指一時一地出現的某種特殊條件，它帶有一定的偶然性，往往稍縱即逝。精明的人一旦順手「牽」著機會，就會以最快的速度開發它、利用它。眞正是「快一步天高地闊，慢一著滿盤皆輸」。

靠資訊發財，是辦實業、做買賣必不可少的法寶。沒有資訊，經營者就像雙目失明的盲人，面對四通八達的交叉路口，不知如何起步。

俗話說：「信息靈，百業興。」在瞬息萬變的市場上，經營者必須具備極強的應變能力，隨時做出正確的決策，而決策的基礎在於耳聰目明，獲取大量及時、準確的資訊。市場上常常出現這樣一些情況，一方面消費者持幣觀望，抱怨買不到滿意的商品，另一方面是商店、個體攤位、生產廠的產品賣不出去而大量積壓，其根本原因就是產品不適銷對路，造成產品生產與市場需求脫節。

很多經營者缺乏資訊意識，不做市場調查，憑著主觀願望盲目生產，或者仿製仿造他人的商品，結果在激烈的競爭中一敗塗地。有些經營者雖然重視資訊，但往往由於不能對得來的資訊做出快速決策而坐失良機，或者由於資訊不全面而導致錯誤的決策。

信息滿天下，專尋有心人。一條有價值的資訊，一個準確的情報，會使一大筆生意成功。

第十五箴　能花錢的人才能賺錢

上帝把錢作為禮物送給我們，目的在於讓我們購買這世間的快樂，而不是讓我們存起來還給他。

——《塔木德》

一個七十多歲的窮人，領到一百美元的失業救濟金，按慣例到銀行存了二十美元。出銀行大門的時候，他看到一位年紀相仿的紳士在抽雪茄。

「您的雪茄很香，」戒煙已有五十年的窮人主動搭訕問，「這樣的雪茄不便宜吧？」

「二十美元一支。」

「呵，您一天抽多少呀？」

「十五支。」

「嘖，您抽多久了？」

「五十年了。」

「一天三百美元，一年十萬多美元，五十年，唉呀，您算算，您抽雪茄的錢不算利息已有五百多萬，這大概可以買下這家銀行了吧？」

「……哦！您好像不抽雪茄吧？」

「是的，我不抽。」

「那你能買下這家銀行嗎？」

「老實說，不能。」

「告訴您，這樣的銀行我有十家！」

這個窮人其實很精明。因爲第一，他賬算得很快，一下子就計算出每支二十美元、每天十五支。五十年的雪茄煙錢可以買一家銀行；第二，他很懂勤儉持家、由小發大的道理，並身體力行，好久都沒有抽過一支二十美元的雪茄。然而，誰也不能說他有「活智慧」，因爲他雪茄沒抽上而銀行也沒存下，不得不對紳士表示恭敬。

那位窮人的智慧是死智慧，那位紳士的智慧才是活智慧：錢是靠錢生出來的，不是靠剋扣自己存下來的！

爲了迅速地成爲富翁，猶太人的常規做法，是投資金融行業和其他資金回收較快的行當，把78％的注意力和精力，集中傾注到「錢生錢」上。努力存小錢的人，缺乏冒險的氣質，決定了他們也不能透過其他途徑快捷致富。

話又說回來，不贊成存小錢，並不代表在商務活動中不精打細算。

在這方面，猶太商人的「吝嗇」氣質暴露無遺：成本能省半分就省半分，價格能高半分就高半分。

也許你要問，不至於世界的富翁們都這樣吧？

其實唯有如此，商人才能賺到錢。

英國籍的猶太銀行家莫里茲．赫希，在莊園中招待上流社會的人士爲時兩周，僅供來賓射殺的獵物就達到一萬多頭。

曾在中國上海經商多年的猶太商人哈同，以近百萬兩銀子，修造了上海灘最大的私人花園——愛儷園，並經常在園中舉辦豪宴，動輒費銀上萬。

所有的猶太商人都有這樣的習慣：不管工作如何忙，都要把一日三餐吃得有模有樣、有滋有味。但他們從不浪費錢財，把辛苦所得作無謂的揮霍。

人生的樂趣在於享受，或者說，在於享受工作以及工作帶來的成果。

人生的愁苦就是覺得自己很窮，覺得一無所有。

既然存不成富翁，那就讓我們從現在起就開始花錢，從現在起就爲有大把大把的錢可花而努力。

猶太商人有白手起家的傳統，至今世界上有名的猶太富豪中，有不少人發家充其量不過兩、三代人的歷史；但猶太商人沒有靠存小錢積累資本的傳統。

一方面，猶太商人在文化背景上，就沒有受到禁欲主義束縛。猶太教在總體上，從來沒有這方面的要求，猶太人的生活，也從未分化成宗教與世俗兩大部分。猶太人在宗教節期間，有苦修的功課，但功課完畢之後便是豐盛的宴席，雖則無法和中國人相比（猶太人至今仍把「中國廚子」列為理想生活的四大要目之一）。所以，那種形同苦行僧般的不抽雪茄的生活方式，不是猶太商人的典型生活方式。

另一方面，從猶太商人集中於金融行業和投資回收較快的行業來看，他們本來就把注意力集中在「錢生錢」、而不是「人省錢」上面。靠辛辛苦苦存小錢的人，是不可能有猶太商人身上常見的那種冒險氣質的。

這兩個因素的結合，使猶太商人的經營方式和生活方式形成了鮮明對照。在業務方面，猶太商人精打細算到了無以復加的地步，成本能省一分就省一分，價格能高一點就高一點，利潤一定要算稅後利潤，以免白為稅務署作貢獻。但在生活上，類似於每天吸二十美元一支的雪茄十五支，並不是什麼罕見的現象。

猶太商人的這種生活方式，令同為當今世界著名商人的日本商人歎為觀止。其他不說，光猶太商人不管工作如何忙，對一日三餐從不馬虎，總留出時間，還要吃得像模像樣，而且進餐時忌諱談工作，就讓日本商人感慨萬分，並對自己的人生格言「早睡早起，快吃快拉，得利三分」大覺羞愧。

其實，豈止吃飯這點時間不談工作，虔誠的猶太商人，每週同樣要過那整整二十四小時，不談工作、甚至不想工作的安息日！因爲猶太人是世界上最諳熟「平常心即智慧心」的道理的民族：猶太教靠尊重信徒的自然生理心理要求，保持住了他們的虔誠，猶太商人也同樣靠「尊重」自身內在的自然要求，保持住了自己經商時的心理平衡。

一個在利潤（工作）問題上拿得起、放得下的商人，其智力才不會衰竭昏聵。

對於一個商人來說，還有什麼比自信更爲重要的呢？

它能使你自己發揮原有的能力和才智，能使同伴增加信任，能使對手感到壓力。一個氣定神閑、心平氣和的商人，才像一個眞正成功的商人。

第十六箴　用錢遠遠難於賺錢

如果店主算不清賬，他的賬就會找他算賬。

——《塔木德》

在猶太商人看來，一個人怎樣使用錢——包括賺錢、存錢和花錢——或許是檢測他的才智高低的最好的方法之一。雖然金錢絕不能作爲一個人生活的主要目的，但是，它也不是無關痛癢的東西，不能從觀念上加以蔑視。在猶太商人看來，在很大程度上，金錢是獲得感官快樂和社會地位的手段。

事實上，人性中的一些最優秀的品質，是與正確使用金錢密切相關的，例如，慷慨、誠實、公平和自我犧牲精神，更不用說節儉的美德了。另一方面，是它們的對立面如貪婪，欺詐、不公平和自私，就像一個愛財如命的人所表現出來的一樣。一部分人濫用和誤用了金錢這種手段，產生了浪費、鋪張、揮霍、奢侈等罪惡。

猶太人佛蘭西斯·霍拉的父親，在他開始進入社會的時候，對他提出忠告說：「我衷心地希望你事事開心如意，但我不得不三番五次地勸導你要節儉。節儉對任何人來說，都是一個必不可少的德行。然而，淺薄的人可能會輕視它。其實，節儉是通向獨立的大道，而獨立則是每個精神高尚的人所追求的崇高目標。」

猶太人亨利．泰勒在他經過深思熟慮寫成的《生活備忘錄》一書中指出：「在賺錢、儲蓄、開銷、送禮、收禮、借進、借出和遺贈等方面，正確的行爲原則和方法，幾乎爲一個人的完美無缺作出了見證。」

一個人如果展望未來，他會發現，等待他的主要有三種世俗的可能性事件：失業、疾病和死亡。前二者他或許還可以逃避，但是最後一個卻是在劫難逃的。然而，無論哪一種可能性發生，他都應該把生活的壓力減輕到盡可能小的程度，這樣做不僅是爲了自己，也是爲了那些把安逸和生存，都依附於自己的人們。這樣來看，誠實賺錢和節儉使用都是極爲重要的。

正當賺錢，是吃苦耐勞、不懈努力、不受誘惑和得到回報的希望的表現；而合理使用，是精明能幹、富有遠見和自我克制的體現。雖然金錢可以代表許多有很大價值的東西：不僅是食物、衣服和感官的滿足，而且是個人的自尊和獨立。

在這個世界上，努力去獲得一個較爲牢固的地位，這其中包含了人的尊嚴，它使得一個人更爲強壯，生活得更爲美好。從長遠來說，它賦予了他更大的行動自由，能使他有更多的力量爲將來而努力。爲了獲得獨立，生活簡樸節儉是必不可少的條件。節儉既不需要超人的勇氣，也不需要卓越的美德，只需要一般的力量和普通人的能力。實際上，節儉只不過是秩序原則在家庭事務管理中的運用：它意味著統籌安排、合乎規則、精打細算和避免浪費，耶穌也表達了這種節儉原則，他要求「把剩下的零碎收拾起來，免得有糟蹋的」。

節儉也意味著將來的利益能夠得到保障，因此人要有抵禦眼前的滿足誘惑的能力，這也是人超越於動物本能的高貴之處。節儉完全不同於吝嗇，因爲正是由於節儉，才能使一個人能夠時時表現得慷慨大方。人也不能把金錢作爲崇拜的偶像，只能把它當作一個有用之物。正如迪安．斯威夫特所說的：「我們腦子裏必須有金錢的概念，但是，不能一心想的都是金錢。」我們可以稱節儉爲精明的女兒、克制的姊妹和自由的母親。顯而易見，適度節儉是自助的最好展現。

每個人都應該量入爲出，按照自己的收入過日子。要做到這一點，最重要的是誠實。因爲，如果一個人不是誠實地按照他的收入過日子，那麼他必定是虛僞地按照他人的收入過日子。如果一個人對自己的消費缺乏長遠考慮，只顧眼前的享樂，等到他發現錢的眞正用途時，就已經太遲了。

培根有句名言：「與其去賺些小錢，不如去存些小錢。」許多人不屑一顧隨手扔掉的零錢，和其他一些不當回事的支出，往往是人生中財富和獨立人格的基礎。這些浪費者，往往是屬於這個世界中權利受到分割的階層，其實，他們自己才是自己的最大敵人。如果一個人自己跟自己過不去，自己不能成爲自己的朋友，他還怎麼能指望別人成爲自己的朋友呢？

一個生活節制適度的人，他的口袋裏才會有錢去幫助別人；一個鋪張浪費、缺乏遠見和揮霍一空的人，是不會有機會去幫助別人的。當然，節儉絕不是做一個一毛不拔的鐵公雞，否則就是一個可憐的守財奴。在生活和交往中心胸狹窄、斤斤計較，是極端短視的人，只會導致失敗。

有句諺語，叫做「只有一分錢的胸懷，絕不可能得到二分錢的收穫」。日常生活中的無數事例都說明，人生的輝煌成就，源於慷慨大方和誠實守信的生活準則。

◇誰陷入負債，誰陷入悲哀

有句格言說：「一支空袋子是立不起來的。」同樣的，一個負債累累的人也是不可能獨立的。要一個債臺高築的人去說眞話，恐怕比登天還難，因此，人們說，謊言是騎在債務背上的幽靈。負債者不得不向債主編造口實，以拖延債務的償還時間，這就使得他極盡撒謊之能事。對於一個人來說，找一個正當的理由來逃避第一次債務，這是輕而易舉的事情；但是，這種逃避債務的技巧，對於逃避第二次債務，往往是巨大的誘惑。不用多久，這位負債者就會在債務中陷得深不可拔、難以脫身，不管他怎樣勤勉努力，也無濟於事。走向負債的第一步，就是走向虛妄的第一步。在這個過程中，必然發生的事情，是債務接二連三接踵而來，如同謊言的編造源源不斷。

畫家海頓從他向別人借錢的第一天起，就意識到了這種墮落。他認識到了「誰陷入負債，誰陷入悲哀」這句諺語的眞理性。他的日記有這樣一段耐人尋味的記載：「現在，我開始負債並有了債務，這是我從未有過的事情。或許，只要我活著，我就再也休想擺脫它們了。」他那催人淚下的自傳，痛苦地回憶了在金錢問題上的尷尬難堪，以及由此帶來的極度的精神沮喪、工作能力的完全喪失和時時重現的羞辱。

一位少年加入海軍時，曾收到這樣一段書面忠告：「對於任何你不透過向別人借債就不能獲得的享樂，絕不要去享受。絕不要去向別人借錢，這會使人墮落。不過，我沒有說你不要借錢給別人，只是要注意：如果你連本錢都無法收回，那就千萬不要借出去。切記，在任何情況下，都不要向別人借錢。」

一位名叫費希特的窮學生，甚至拒絕了比他更窮的父母親提供的借款。猶太商人詹森堅信，過早負債使人墮落，以至毀滅。他關於這方面的論述是極有見地的，值得我們牢記在心。他說：「不要想當然地只把債務當作一種麻煩，你會發現它是一場滅頂之災。貧窮不僅剝奪一個人樂善好施的權利，而且在他面對本可以透過各種德行來避免的、肉體和精神的邪惡的誘惑時，變得無力抵抗。……這是你首先要小心在意的。

「無論你擁有什麼，消費的時候都不能傾其所有。貧窮是人類幸福的一大敵人，它毫無疑問地破壞自由，並且，它使一些美德難以實現，使另一些美德成爲空談。節儉不僅是太平安逸的基礎，而且是一切善行的基礎。一個本身都需要幫助的人，是絕不可能幫助別人的。我們必須先自足，然後才能出讓。」

猶太商人認爲，正視自己的日常事務，並且在錢財方面量入爲出、斟酌考慮，這是每一個人義不容辭的職責。這種對收入和支出的簡單的算術運算，有著極大的價值。精明節儉要求我們在安排自己的生活水準時，必須低於自己的收入水平，而不能高於這一水平。要做到這一點，必須根據收支平衡的原則，擬訂並忠實地執行一個生活計畫。

◇一塊錢也要發揮100%的功用

在猶太人的用錢觀念中，都普遍堅持錢不能隨便用，一定要把錢用到最需要的地方。猶太人之所以堅持這種觀念，是因爲他們懂得「支出」和「欲望」的關係。提到這個問題，看來有一點深奧，且看下面一段文字，你可能就會明白——用錢的人，應該是一個能控制自己欲望的人。

猶太人認爲，不要把支出和各種欲望混爲一談。每個人的家庭都有不同的欲望，可是這些欲望是其收入所不能滿足的，因此，切不可把自己的收入，花在不能滿足的欲望上面，因爲許多欲望是永遠不能滿足的。

人常爲不能滿足的欲望所愁苦。別以爲億萬富翁有那麼多的金錢，一定可以滿足每個欲望，這種想法是不正確的。作爲億萬富翁，他的時間有限、精力有限、能到達的路程有限、能吃進胃裏的食物有限，而且享樂的範圍也有限。

猶太人認爲，欲望好像野草，農田裏只要留有空地，它就生根滋長，繁殖下去。欲望就是如此，只要你心裏留有欲望，它也會生根繁殖。欲望是無窮無盡的，但是你能滿足的卻微乎其微。人們只要仔細研討現在的生活習慣，就會發現，原來認爲是必要的支出，經過明智思考之後，便會覺得可以把支出減少，也甚至會覺得可以把它取消。我們可以把這句話當作格言：花一塊錢，就要發揮一塊錢100％的功效。

在企業經營或是家庭開支上，猶太人注重做預算，並且根據預算的90％支出、10％儲蓄的原則，愼重使用支出費用及購買必需物品，把不必要的東西全部刪除，因爲它是無窮欲望的一部分，不可容納和反悔。他們牢記不要動用儲蓄的10%收入，因爲那是致富的本源。

世界上流行這樣的說法：「猶太人是吝嗇鬼。」這個說法有一定的依據，但也是一種誤解。因爲猶太人中有很多是經商的，而且是經商高手。作爲商人，對物品斤斤兩兩計較和對金錢分分毫毫核算，是其職業本能的反映。商人如不精打細算、不愛惜錢財，怎能獲得經營的利潤呢？

猶太人的社會背景和所處的職業地位，使他們形成了如下的金錢觀念：

賺錢不難，用錢不易。

金錢可能是不慈悲的主人，同時也是能幹的傭人。

金錢雖非盡善盡美，但也不致使事物腐敗。

並不一定貧窮人什麼都對，富有人什麼都不對。

金錢對人所做的和衣服對人所做的相同。

讚美富有的人並不是讚美人，是讚美錢。

這些猶太人格言，反映出猶太人對金錢的觀念。說到底，猶太人把金錢視爲工具。因此，他們不管別人怎麼評論與誤解，兩耳不聞是非事，一心埋頭把錢賺。

確實，對錢財必須具有愛惜之情，它才會聚集到你身邊，你越尊重它、珍惜它，它越心甘情願地跑進你的口袋。對金錢除了愛之外，還要惜，也就是說，除了想發財外，還要想辦法保護已有的錢財。用現代的流行語來說，就是要「開源節流」。猶太人這些金錢觀念是很有哲理的，這是猶太人經營致富的一個奧秘。猶太富商亞凱德說：「猶太人普遍遵守的發財原則，那就是不要讓自己的支出超過自己的收入，如果支出超過收入便是不正常的現象，更談不上發財致富了。」

猶太商人用錢時，珍惜錢財的事例有許許多多，有不少成爲美談趣話。據說，美國當今最大的財團之一、洛克菲勒財團的創始人，曾經有過兩段有趣的故事：

洛克菲勒剛開始步入商界之時，經營步履維艱，他朝思暮想發財卻苦於無方。有一天晚上，他從報紙上看到一則廣告，是推銷一本發財秘訣的書。他爲此高興極了，第二天急急忙忙到書店去買了一本。他迫不及待地把買來的書打開一看，只見書內僅印有「勤儉」二字，其餘再沒有任何內容了，這使他大爲失望和生氣。洛克菲勒因此思想十分混亂，幾天寢不成眠。他反覆考慮該「秘訣」的「秘」在哪裡？起初，他認爲書店和作者在欺騙他，於是想疾書指控他們。

後來，他越想越覺得此書言之有理。確實，要發財致富，除了勤儉之外，別無其他辦法。這時他才恍然大悟。此後，他將每天應用的錢加以節省儲蓄，同時加倍努力工作，千方百計地增加一些收入。這樣堅持了五年，積存下八百美元，然後將這筆錢用於經營煤油。在經營中他精打細算，千方百計地將開支節省，把盈利中的大部分儲存起來，到一定時間把它投入石油開發。照此循環發展，如滾雪球一般使其資本愈來愈多，生意愈做愈大。經過三十年左右的「勤儉」經營，洛克菲勒成爲美國最大的三個財團之一的首領，到一九九六年，其財團屬下的石油公司，年營業額到一千一百多億美元。

猶太人——特別是猶太商人——是十分注重節儉的，他們不管多麼富有，絕不會隨意揮霍錢財。在宴客中，以吃飽吃好爲尚，不會講排場、亂開支。在生活中，以積蓄錢財爲尚，不會用光吃光、手頭空空的。

猶太人測算過，依照世界的標準利率來算，如果一個人每天儲蓄一元，八十八年後可以得到一百萬元。這八十八年的時間雖然長了一點，但實際上，這些儲蓄大都在實行了十年、二十年後就會得到利用，由此很容易就可以達到一百萬元。

崇尚節儉、愛惜錢財是世界富豪們成功的一個訣竅。如美國連鎖商店大王克里奇，他的商店遍及美國五十個州和世界許多地方，他的資產數以億計，但他的午餐從來都是一美元左右。美國克德石油公司老闆波爾·克德，是一位節儉出名的大富豪。有一天他去參觀狗展，在購票處看到一塊牌子寫著：「五點以後入場，半價收費。」克德一看手錶是四時四十分，於是他在入口處等了二十分鐘後，才購半價票入場，節省下0.25美元。要知道，克德公司每年收支超過上億美元，他所以節省0.25美元，完全是受他節儉習慣和精神所支配，而這也是他成爲富豪的原因之一。

看來，猶太人經商致富的秘訣，不單是會做生意，還與他們善於節儉、不揮霍錢財有關。猶太人的用錢觀念可歸結爲：努力賺錢是開源的行動，設法省錢是節流的反映。巨大的財富需要努力才能追求得到，同時也需要杜絕漏洞才能積聚。正如古人所說的：「泰山不讓土壤，故能成其高；河海不擇細流，故能就其深」那樣，世界上有許多猶太人成爲大富豪，正是因爲他們具有這種可貴的用錢精神。猶太人成爲屈指可數的大富豪後，仍堅持節儉，保持著猶太人那種愛惜金錢的精神。

「愛」錢不等於「惜」錢。

愛上了錢卻不珍惜，錢就不會愛你。

愛惜錢，就要看緊自己的錢包。

猶太人還這樣提醒世人：

・本金得到安全保障的投資，才是第一流的投資。

・爲求高利而喪失本金的投資，是愚蠢的冒險。

投資者不要急於發財，不能爲事物的表像蒙蔽雙眼。要仔細調查研究，制訂好應對風險的對策，才可以拿出78%的金錢來投資。否則，投資者口袋裏的錢，就會像神靈一樣消失。

◇買房子，不要租房子

一直到二十世紀開始之前，大多數歐洲猶太人都不准擁有房地產或土地，只有少數從事農業的猶太人除外。然而在美國，猶太人擁有住宅的比率高於其他人，這對於猶太人的財富和安全感大有幫助。除非你計畫每隔幾年就搬一次家，或是住在沒落的地區，租公寓或住宅就像租車一樣，你應該避免。擁有房子對你的財務狀況會大有幫助，美國聯邦租稅制度的基礎之一，就是用扣抵住宅抵押利息和房屋稅來補貼擁有住宅的人。尤其在住宅抵押貸款的前幾年，大多數的支出都可以扣除，扣多少要看你的邊際稅率而定。如果你不利用這種補貼，就是補貼了其他人。而且，除了稅務優惠外，靠著房屋可以創造租屋永遠無法創造的資產。

第十七篋　金庫是從心中變出來的

任何東西到了商人手裏，都會變成商品。

——《塔木德》

「無」中能生出「有」來嗎？

能！世界就是從「無」中來的。

誰生來就是富翁？

財富本來就是無中生有的！

世界78％的財富，由世界22％的人掌握著。

你想成爲這22％中的一份子嗎？

如果想，那麼，也請相信猶太商法中的「無中生有」法則。

希爾頓就是信奉這一法則，以接近爲「無」的區區五千美元開始起步，逐步成爲全球聞名的旅店大王，終於以億萬財富躋身美國十大財閥之列的。

一九二三年的一天，懷著致富夢想的希爾頓，來到繁華的達拉斯商業區大街上，突然發現這裏竟然沒有一家像樣的旅店。一個念頭由此在希爾頓的心中產生：

「我如果在這裏建設一座高檔的旅店，生意一定不錯。」

經過一番觀察，希爾頓看準了一塊地，認爲那裏最適合興建旅店。

這塊地位於達拉斯商業區大街的轉角地段，所有權在一個人稱「老德米克」的房地產商人手上。

在和老德米克商量之前，希爾頓很快就悄悄請來了建築設計師和房地產評估師，經過大致觀察，得知按心中所想建起一座旅店，至少需要一百萬美元。

這與希爾頓已經籌措的三十萬美元差距太大。

但三十萬美元可以買下這塊地皮。

希爾頓一點也不著慌。他這時找到老德米克，以三十萬美元的價格，簽訂了地皮買賣的協定。

給付土地出讓費的日期到了。這一天，希爾頓僅僅帶了三萬美元就來見老德米克。他一臉無奈地說：

「我買你的地，是想建一座大型旅店，但算來算去，我的錢只夠建造一個普通的旅店，所以我只能租你的地了。」

就在老德米克擺擺手，正準備說「不想和你合作」的時候，希爾頓誠懇地說道：「我的租期爲九十年，分期付款，每年租金爲三萬美元。如果我不能按期付款，你就收回你的土地和土地上面的飯店。你看怎麼樣？」

老德米克一聽，不由得喜上眉梢：三十萬美元的土地出讓費，可以換得二百七十萬美元的租金，土地還是自己的，土地上的飯店也有可能是自己的。

於是交易就成了，希爾頓付給了老德米克第一年的土地租金——三萬美元。

希爾頓用三萬美元，拿到了三十萬美元才能買到所有權的土地第一年的使用權，把一個殷實的房地產開發商，與自己緊緊地捆在了一起，口袋裏剩下的二十七萬美元，仍然不能建起一座一百萬美元的旅店。於是，希爾頓再一次找到老德米克，說「以土地作爲抵押去貸款建店」。

爲了二百七十萬美元全部拿到手，老德米克答應了。

一切按預想進行。銀行按土地的現值，貸給了希爾頓三十萬美元，使希爾頓手頭可利用資金達到了五十七萬美元。

一九二四年五月，希爾頓旅店在資金缺口已不太大的情況下開工了。

旅店建設用完了五十七萬美元，希爾頓又沒有了錢。這時，他還是來找老德米克，如實介紹了資金困難，希望老德米克把蓋到半截的建築物接收過去，出資讓它順利完工。他說：

「旅店一完工，就租賃給我來經營，年租金最低十萬美元。」

被套牢的老德米克想想自己並不吃虧——土地是自己的，土地上的飯店是自己的，每年還有十萬美元的租金收入，於是就補足了工程建設的資金缺口。

一九二五年八月四日，以希爾頓名字命名的希爾頓旅店建成開業。

五千美元在兩年時間內，幹成了大事。

如果希爾頓當初一個美分也沒有，相信他一樣能把這事幹得漂亮。

因爲他的商業智慧是無價的。

希爾頓的成功，道出了這樣一條鐵律：

把有實力的利益追求者與自己捆綁在一起，捆成一個不可分割的利益共同體，把最大的風險不著痕跡地轉嫁給對方，財富就可以「無中生有」，窮人就可以完成從混進富人隊伍末尾到站到富人行列前排的過程。

猶太商人提倡做生意不能太濫，要想從無到有、從小到大地存錢，必須把每一次生意做到位，然後再爲下一次生意開路。

那麼怎樣從無到有、從小到大呢？

孔菲德，曾被人稱爲美國股海的「空手道大師」，自幼家境貧寒，父親的早亡，給這個孤兒帶來了巨大的痛苦，但也養成了他奮發圖強的秉性。他在大學畢業後的最初幾年，並未顯示出他過人的商業智慧，相反的，他對金錢的憎恨倒叫人們難以理喻。

一九五四年，他告別了費城，隻身漂泊到了紐約，找了一份「互助基金」推銷員的工作。互助基金這一行，在戰後正拼命地擴展，這有如今日中國的期貨經紀，他們到處搜羅推銷員。在街上，幾乎是任何會講英語和會笑的人，都在他們歡迎之列。召來後，加以短期培訓，就出去推銷基金股票了。

孔菲德就這樣糊裡糊塗地，開始了他一生的宏圖大業。互助基金一般由股東提供，股東將這筆資金集中起來，然後投資於股票，這比自己玩股票要保險得多。就個人來說，誰能看透變化莫測、瞬息萬變的股市呢？推銷員的傭金是從投資人資金中提取的，因而孔菲德在受訓時，他的推銷員老師告訴他，不管股票行情如何變化，即便是顧客們賠錢，對於推銷員來說並沒有什麼大關係。孔菲德最初的老闆，是紐約一家投資者計畫公司（後來這家公司爲孔菲德所擁有的公司所收購），孔菲德並不想長期做推銷員生意，這對他來說只是一個跳板。

孔菲德起初是爲投資者公司推銷股票，工作之餘，他花了很多時間，去研究基金的財務組織和管理。不久他就發現：互助基金猶如一座金字塔，金字塔的最底層是基層推銷員，往上是推銷主任，再往上是地區和全國性的高級推銷員，而高高在上的當然是互助基金的經理們。凡上面的一層均有從其屬下的傭金中提成的權力。孔菲德因此看到了推銷員這一領域外更廣闊的「天地」。他覺得自己羽翼漸豐，應該衝破現有環境的束縛，到更廣闊的天地去闖一闖。

一九五五年，經公司允許，孔菲德自費去了巴黎，當時歐洲許多國家政府，禁止本國公民購買美國的互助基金股票，以免本國資本以這種方式流向美國。看來向歐洲公民推銷股票這條路已行不通了。經過觀察，孔菲德發現了歐洲這個禁區中的「新大陸」——美國的僑民市場。當時的歐洲各國到處都有美國的駐軍、外交人員和商人，他們大部分都在此已居留相當時間，因此都是攜眷前往。他們的薪資都漸漸地進入了歐洲的經濟圈子。這些美僑有很多餘錢，他們有很多人都讀到關於華爾街空前繁榮的報告，但由於遠居異國，又沒有一條方便之路，可以讓他們將資金投於美國股票市場上。而今，孔菲德的出現，正好與僑民的願望不謀而合，眞乃天賜良機。

孔菲德經過廣泛遊說，賣了很多投資者計畫公司的股票，爲公司和他本人贏得了巨額利潤。孔菲德贏得了聲譽，向他投資的人漸漸增多，他想這足以證明在海外存在著一個廣大而富足的市場。當然，這種市場就目前而言還是潛在的，還需要去開拓。至此，孔菲德野心勃勃，他現在已不再滿足於從前的投資者計畫公司了。

孔菲德注意到了一家新的公司——垂法斯基金公司。這家公司當時的基金股票銷路很好，比投資者計畫公司擁有更廣闊的市場。於是他毅然做出決定，脫離投資者計畫公司，加入更有名氣的垂法斯公司。隨後，孔菲德寫信給垂法斯基金公司，談論了他發現的歐洲市場情況，並提出了一個快速開發統計報告，要求垂法斯委派他擔任歐洲總代理。這一建議很快送到了垂法斯的高層決策群中，他們反複研究討論之後，一致認爲這項計畫對垂法斯的發展非常有利，如果成功就可以擴大經營範圍，打開國際市場的局面。於是孔菲德的要求很快就被答應了。

不久，孔菲德成立了自己的銷售公司，並給它取了一個響亮的名字——投資者海外服務公司（簡稱IOS）。開始時，他自己一個人推銷垂法斯股票，然後他招聘了許多推銷員，這種安排是互助基金的標準組織方式：孔菲德可以從每一個推銷員的每筆交易中，提取五分之一的傭金。隨著推銷員隊伍的繼續壯大，孔菲德從傭金提成的收入頗高，他已無需自己親自去推銷了，開始專心於訓練新的推銷員，健全他的代理機構，並開拓更廣闊的基金市場。IOS以驚人的速度成長著。到二十世紀五〇年代末，它已擁有一百個推銷員，他們的足跡踏遍世界各大洲的許多國家。他的推銷員隊伍壯大到孔菲德一人難以控制的地步。於是他就一層層地增設中間機構，原來他的推銷員被提升爲推銷主任，他們就有權擁有自己的推銷員，並從傭金中提成。而當推銷主任的推銷員太多時，他又設立了次一級的中間機構，自己的地位也上升了一級。就這樣，孔菲德建立了金字塔般的組織，這回他已距離金字塔塔尖不遠了。

他一層層地從每一個屬下身上，提取他應得的那部分傭金。到一九六〇年，孔菲德已淨賺一百萬美元，而他自己從未投入一分一厘的資金，實際上他不是「一本萬利」，而是「無本萬利」的空手道高手。孔菲德手中擁有了雄厚的資本，加之公司聲名鵲起，於是，他採取了在互助基金這一行中石破天驚的一步——成立了他自己的互助基金公司。孔菲德的第一家互助基金，名叫國際投資信託公司（簡稱IIT），公司在號稱是「自由中的自由市場」的盧森堡登記。基金的通訊位址和實際的經營總部依然在瑞士，和IOS在一起。孔菲德的那些熟練而有衝勁的推銷員們，能使一般的潛在客戶獲得一個印象，即IIT是一家以瑞士爲基地的殷實可靠的大公司，IIT股票銷售的情況，就如股市繁榮時的熱門股票。一年以後，該公司已獲得其投資者投入的三百五十萬美元，基金繼續不斷地增長，直到最後增長到將近七億五千萬美元。

長期以來，孔菲德對他只能向美國公民推銷的限制一直感到氣惱。五〇年代末期，有幾個國家的政府抱怨IOS的推銷員（也許並未得到孔菲德的支持）私下違背了這個規定，大批地將垂法斯的股票，透過銀行和以貨幣交換的方式，賣給非美國公民。孔菲德現在決定要設法使這一限制一國一國地解除。他去見每一個國家的財政當局，說：「你們現在擔心資金流出貴國，對不對？好吧，我告訴你們我的做法。我的新基金IIT，將投入一部分資金，購買貴國企業的股票。但你們要准許我向貴國人民推銷基金股票，作爲交換條件。」結果他一國接一國地說服了對手。孔菲德就是這樣一步步地使自己從推銷員、推銷主任、超級推銷員，到了老闆的地位，登上了互助基金的金字塔塔尖，他的財源滾滾而來。

隨後，孔菲德又在加拿大註冊登記了「基金的基金」公司，財源進一步開闊。接下來，他首先把注意力轉向了金融中心——華爾街。眾所周知，華爾街股市一直是譽滿全球的，它的許多熱門股票都是搶手貨，孔菲德只有躋身其間，才能有用武之地。於是，孔菲德和他的助手們，又想出了一個絕妙的主意。按照美國的法律，由公眾擁有的投資公司，只能做多層基金生意，而個人擁有的公司則不受這種限制。這樣，如果本公司成立只有一個股東的「基金的基金」公司，這就合乎個人公司的定義；這種私有資金，也就可以在美國公開經營而不受干涉。說穿了，他就是在華爾街設立一個公司辦事處，這對長期不能在華爾街和美國其他各地立身的國際投資信託公司來說，更是一舉兩得。就這樣，一個接一個的私人基金成立起來，它們對任何股票都大膽投資，從炙手可熱的熱門股票，到令人望而卻步的冷門股票，從房地產投資到北極石油探測，他們都插上一手，從中撈到不少好處。

這樣，「基金的基金」已經不僅是一個投資於其他基金的超級基金組織，而更是一個受少數大亨操縱的公司，他們無所顧忌地從事著一連串的投資冒險生意。孔菲德的一生大部分時間都默默無聞，但到了二十世紀六〇年代，經過十幾年的發展，孔菲德脫穎而出，一下子成了美國股票巨星。

猶太商人竭力把每一次生意做到位，其要術是一步一步從無到有、從小到大，絕不輕易放棄。

◇只要用心，就能擁有金庫

猶太商人在自己的生意經中，經常以「用心計」作爲致富的手段，他們多次表明，「金庫是從心中變出來的」，下面這個案例，可以說明這個觀點。

一九七八年十一月，在洛杉磯市獲得奧運主辦權後的一個月，市議會就通過了一項不准動用公共基金辦奧運會的市憲章修正案。

洛杉磯市政府只好把求援之手伸向美國政府。也許是對奧運會不屑一顧，也許是已經意識到美國舉辦奧運會，將會遭到蘇聯的報復而進行抵制，美國政府對此冷若冰霜，明確表示不能提供一分錢。

巧婦難為無米之炊。洛杉磯市已經走投無路，只好向國際奧會申請，要求允許以私人出面主辦奧運會。這個請求太意外了，國際奧會還從來沒想過由私人主辦奧運會。萬一這個人半途而廢怎麼辦？偌大的奧運會交由私人主辦，國際奧會的面子置於何處？

更何況，《憲章》已明確規定只能由城市主辦奧運會。如果還有另一個城市申請，國際奧會就有了迴旋的餘地，然而，當時沒有別的國家和城市申請舉辦，國際奧會一點迴旋的餘地都沒有，《憲章》的這條規定第一次失敗了。

於是，洛杉磯奧運會籌備組開始「物色」一個、能在行政當局不貼一分錢的情況下，辦好奧運會的人選。

「物色」委員會的理想標準是，這個人年齡在四十至五十五歲之間，在洛杉磯地區生活過，喜歡體育，具有從經濟管理到國際事務等多方面的經驗。

電子電腦在不停地開動著，經過一次又一次的篩選，電腦裏不斷出現的名字就是——彼得．尤伯羅斯。

於是當籌備組向尤伯羅斯發出了邀請。當籌備組的人談起所謂「理想人選」的標準後，尤伯羅斯情不自禁地說：

「哦，這有點像我。」

他妻子吉妮後來說：

「不是像他，就是他。」

私人主辦奧運會是奧運史上的第一次，同時也意味著要冒最大的風險。前幾屆奧運會是城市主辦的，財政上的虧損誰也沒能逃過去。

一九七二年，在聯邦德國慕尼黑市舉行的第二十屆奧運會，所欠下的債務久久不能償還。

一九七六年，加拿大蒙特婁第二十一屆奧運會，虧損達到十億美元。

一九八〇年，在蘇聯莫斯科舉行的第二十二屆奧運會，耗資高達九十億美元，虧損更是空前。

一九八〇年，在美國普萊西德湖舉行的冬季奧運會，從財政和組織上來說，也是不甚成功的。

縱觀現代奧運會的歷史就能發現，舉辦奧運會是財政上的一場「災難」，誰主辦誰就得不惜「血本」，更何況尤伯羅斯是私人主辦奧運會。

即使如此，但尤伯羅斯仍覺得主辦奧運會是對自己的一次重大的挑戰，他欣然接受了籌委會的邀請。

奧運會是舉世矚目的，對一個國家、一個民族和城市來說，能夠承辦奧運會是一個巨大的榮譽，但是，奧運會的巨額費用使承辦者苦不堪言，想承辦者也知難而退。籌集資金是承辦奧運會的關鍵，這個問題始終困擾著人們。

但尤伯羅斯畢竟是一個善動腦筋的人，如果沒有很大把握，他也不會接這個任務。人們說：「任何東西到了商人手裏，都會變成商品。」

這句話對尤伯羅斯來說恰如其分。

尤伯羅斯決定利用各競爭對手的競爭心理，來提高贊助收入。

本屆奧運會規定，正式贊助單位只能接受三十家，每一個行業選擇一家，每家至少贊助四百萬美元，贊助者可取得本屆奧運會某項商品的專賣權。這樣一來，各大公司就只好拼命抬高贊助額的報價。

可口可樂和百事可樂歷來是對頭，每一屆奧運會都是兩家交手的戰場。一九八〇年莫斯科奧運會上，百事可樂占了上風，雖然賭注大了點，但畢竟打響了牌子，提高了銷售量。可口可樂儘管自恃老大，但一不留神就會在競爭中落後，這次洛杉磯奧運會上，可口可樂決心要挽回自己的面子。

尤伯羅斯向兩家「面子」公司拋出了四百萬美元的底價。

百事可樂思想準備不足，還在猶豫之際，可口可樂已經胸有成竹，一下子把贊助費提高到一千三百萬，高出了尤伯羅斯提出底價的兩倍。

可口可樂的一位董事咄咄逼人地說，我們一下子多出九百萬，就是不給百事可樂還手的餘地，一舉將它擊退。果然，百事可樂沒有還手，可口可樂成了飲料行業獨家贊助商。

尤伯羅斯笑納一千三百萬美元後，又把目光對準了感光膠片的兩位大亨：柯達公司和富士公司。底價同樣是四百萬美元。

然而這次可不那麼順利。

柯達公司開始也想加入贊助者的隊伍，但他們不肯接受組委會的不得低於四百萬美元的條件，他們只同意贊助一百萬美元和一大批膠卷。尤伯羅斯沒有答應，他還親自飛到柯達公司的總部，勸說他們接受組委會的條件，但「心胸狹窄和傲慢」的柯達公司沒有同意，他們滿以爲有把握不改變條件便可獲得贊助權，等待著尤伯羅斯的讓步。

此時，一向嗅覺靈敏的日本人似乎感覺到了什麼，決心以此打入美國市場。富士公司同尤伯羅斯討價還價，最後以七百萬美元的價格，買下了洛杉磯奧運會膠卷獨家贊助權。

待到柯達公司醒悟時，富士膠卷已經充斥了美國市場，爲此，柯達公司廣告部的經理被撤了職。

美國通用汽車公司與豐田等日本幾家汽車公司的競爭更是熱火朝天，彼此都竭盡全力，以拼搶這「唯一」的贊助權……

結果，企業贊助共計3.85億美元，而一九八〇年的莫斯科奧運會的三百八十一家贊助廠商，總共贊助僅九百萬美元。

收入最高的，莫過於把運動會實況電視轉播權作爲專利拍賣。

最初，工作人員提出的最高拍賣價是1.52億美元，遭到他的否定。

他親自出馬，先研究了前兩屆奧運會電視轉播的價格，又弄清楚了美國電視臺各種廣告的價格，提出2.5億美元的價格。

尤伯羅斯還以七千萬美元的價格，把奧運會的廣播轉播權分別賣給了美國、澳大利亞等國，從此以後，廣播電臺免費轉播體育比賽的慣例被打破了。

結果，僅此一項，尤伯羅斯就籌集到了2.8億美元。

奧運會開幕前，要從希臘的奧林匹克把火炬點燃空運到紐約，再蜿蜒繞行美國的三十二個州，途經四十一個城市和近一千個鎮，全程1.5萬公里，透過接力最後傳到洛杉磯，在開幕式上點燃火炬。

尤伯羅斯發現，參加奧運會火炬接力跑是很多人夢寐以求、引以爲榮的事情，於是他提出了一個公開出賣參加火炬接力跑權利的辦法，即凡是參加美國境內奧運火炬接力跑的人，每跑一英里，須交納三千美元。

此語一出，世界輿論譁然，儘管尤伯羅斯的這個做法引起了非議，他依然我行我素，最後大筆的款項還是收上來了，這一活動籌集到了三千萬美元。

設立「贊助人計畫票」，凡願贊助2.5萬美元者，可保證在奧運會期間，每天獲得最佳看臺座位兩個；每家廠商必須贊助五十萬美元，才能到奧運會做生意，結果有五十家廠商，從雜貨店到廢物處理公司，都出來贊助。

組委會還發行各種紀念品、吉祥物，高價出售。

雖然奧運會的大多數項目的開支不能減少，但有不少項目可以採取變通辦法，這就會節省一大筆開支。

首先，洛杉磯一九三二年曾舉行過奧運會，雖然當初的奧運會規模與現在不可同日而語，但以前奧運會的一些設施畢竟猶存，仍然可以用。於是他對這些場地簡單地進行了修繕，這就爲他節省了一大筆開支，而且大大減少了工作量。

其次，尤伯羅斯正式聘請的工作人員只有二百名職員，這與前三屆比相差懸殊：

慕尼黑奧運會有一千六百個職員；

蒙特婁奧運會有一千五百零五個職員；

莫斯科奧運會有二千個職員。

隨著奧運會的日益臨近，整個洛杉磯已呈現出濃郁的氣氛。由各公司贊助整修和重建的各種設施已煥然一新。

當國際奧會主席薩馬蘭奇和主任貝利烏夫人視察了這些設施之後，非常滿意地說：「洛杉磯奧運會的組織工作是最好的，無懈可擊的。」

一百四十多個國家和地區的七千九百六十名運動員，使這屆運動會的規模超過以往任何一屆。整個奧運會期間，觀眾十分踴躍，場面熱烈，門票銷路大暢。田徑比賽時，九萬人的體育場天天爆滿，以前在美國屬於冷門的足球比賽，觀眾總人數竟然超過了田徑，就連曲棍球比賽也是場場座無虛席。美國著名運動員路易斯一人獨得四枚金牌，各種門票更是被搶購一空。多傑爾體育場的棒球表演賽，觀眾比平時多出一倍。

同時，幾乎全世界都收看了奧運會的電視轉播，令人眼花繚亂的閉幕式，至今還留在人們記憶中。

在奧運會結束的記者招待會上，尤伯羅斯宣稱，本屆奧運會將有盈利，數目大約是一千五百萬美元左右。一個月後的詳細數字表明，本屆奧運會盈利2.5億美元。

洛杉磯奧運會，以其財政上前所未有的成功，爲後來的奧運會樹立了榜樣，這一結果，證明了尤伯羅斯確實是一個經營天才，也驗證了猶太商人「金庫是從心中變出來的」的著名觀點。

第十八箴　做生意的時候要誠實

你們不可行不義。要用公道天平、公道砝碼、公道升斗、公道秤。

——《塔木德》

猶太先知曾經預言未來世界的審判，首先要問五個問題，其中第一條就是：你在做生意的時候誠實嗎？

其他四條依次是：

「你騰出時間學習了嗎？」

「你盡力工作了嗎？」

「你渴望得到神的救贖嗎？」

「你參與過智慧的爭論嗎？」

把做生意的誠實擺在學習、工作、信仰和智慧之前，可見猶太先知對誠信經商的重視程度。

這個民族的先知還訓示他們的後人說：

「你們不可行不義。要用公道天平、公道砝碼，公道升斗、公道秤。」

他們的要求是具體的：

·不可有一大一小兩樣的砝碼和量器。

·批發商每個月清洗一次量器，小生產商一年清洗一次。

·小生產商要經常清洗砝碼。以其不發粘爲度。

·店主每週要清洗一次量器，每天清洗一次砝碼，每稱完一樣東西，都擦拭一次天平。

誠信是猶太商法的靈魂，是商業活動的最高技巧。猶太商法不僅要求商人，「把壞豆子從穀桶裏清除出去，不能放在消費者看不到的穀桶最下面」，還禁止在買賣中，用顏料塗描衰老的奴隸，以及病弱的牛羊、陳舊的器具。

這樣做的目的，就是把這些「商品」的缺點給顧客暴露出來。

然而，他們既要把商品的缺陷說給顧客聽，也要大聲宣佈「我的貨是最好的」。徹底的誠信，並不意味著他們放棄了對世界的修飾。爲了使世界看起來漂亮一些，猶太的先知允許人們把好衣服洗得更光鮮，把痲布衣服拍打得更薄更精緻，把窗子和籃子塗上豔麗的色彩。

在猶太民族流傳的一個故事裏，他們甚至認爲不說出商品的優點，也是一種不誠信的表現。

有一個貧窮的婦人到集市上去賣蘋果。她的蘋果在這個集市上是最上乘的，但她就是沒有向顧客宣佈這一點。從上午到傍晚，她的蘋果一個也沒賣出去。

這時，一個拉比來到她的攤位前。「充滿智慧的拉比啊，我沒有錢買安息日所需要的東西了。」婦人向拉比抱怨。

拉比沒有回答她，而是彎下身子把蘋果觀察了一番，然後跨到附近的一個大石頭上高聲叫喊：

「誰想買這最好的蘋果？」

「誰想買這最好的蘋果？」

「誰想買這最好的蘋果？」

三聲過後，窮婦人的蘋果攤位就被人們包圍了。他們連看也不看就紛紛掏錢搶購，以致價格被自動抬高到了市場價的三倍。

蘋果被賣得一個不剩了，還有顧客向這邊趕來。

拉比這時在高處向眾人說：

「善人們，你們如果從商，必得堅守誠信。如果你們的商品有缺陷，你們要高聲宣佈出來；如果你們的商品是市場上最好的，也要大聲宣佈『它是最好的』。」

「它是最好的就是最好的，爲什麼還要宣佈呢？」一個年輕人問。

「善人啊，你如果不宣佈出來，顧客就會去選購不好的商品，把市場上最差的商品帶回家。你不宣佈出來，就是幫助奸詐的商人欺騙顧客啊！」

猶太商法對顧客的要求更簡單：如果沒有買的意圖，就不要問「這個東西要多少錢」；如果沒有錢，就不要裝作有興趣買東西。

他們認爲，顧客欠債不還是商人的過錯。

現代猶太人對誠信的闡述，當然貼近現代的社會。

他們的說法是：

・誠信是商人步入市場的通行證，失信於市場即是商人的自殺。

・誠信就是財路，就是商業活動中最高的技巧。

無論在西方世界還是在東方世界，無論是對大商人而言還是對小商人而言，這條猶太商法，無時無地不在得到證明。

誠信，是眞正成功的商人的不秘之秘。

他們明明白白地告訴顧客，「我要賺錢」，他們讓世界清清楚楚地看著他們怎樣賺錢。眞正成功的商人絕不奸詐。

在現代商業世界，恪守信用已經構成了許多企業的市場競爭手段。而在世界商業史上第一個提出「不滿意可以退貨」的，還是猶太商人。這人就是朱利斯．羅斯柴爾德。

羅斯柴爾德是美國施樂百百貨公司的老闆，那句聞名於世的口號，提出於上個世紀剛剛開始的時候。

第十九箴　談判中得理不饒人

只要真理在手，就堅決地用真理來保護自己的利益。

——《塔木德》

猶太人在劣勢中與上帝談判，與敵人談判，與商場上的對手談判，談判的武器是「得理不饒人」，談判的結果是他們勝了。

只要眞理在手，就堅決地用眞理來保護自己的利益，這就是「得理不饒人」，這就是猶太商法中談判術的核心。

這條法則，源於傳說中猶太的先祖亞伯拉罕與上帝的一次談判。

上帝得知所多瑪城和俄摩拉城的民眾違反了教諭，便宣稱以毀滅這兩個城市來作爲懲罰。

亞伯拉罕於是代表兩城的民眾來和上帝談判。

「如果兩座城有五十名遵守教諭的人，你能不能寬恕所有的人和這兩座城呢？」亞伯拉罕問。

「如果有，我就饒恕他們。」上帝表了態。

「如果只有四十五人呢？」亞伯拉罕窮追不捨。

「這樣的話，也饒恕他們。」上帝又作了讓步。

亞伯拉罕得理不饒人，機鋒突現：

「把擁有謹遵教諭之人的城毀滅掉，這難道合乎正義嗎？」

上帝當然不想幹不合正義的事情，於是乾脆地作出了一個大大的讓步，宣佈說：「只要有十位從來沒有違反過教諭的人，我就不毀滅這兩座城。」

所多瑪城和俄摩拉城的風險已經化爲最小。於是，已盡最大努力的亞伯拉罕，和上帝敲定了這份口頭契約，結束了這場談判。

但是，這兩座城市加起來，居然沒有十個人從來不違反教諭。

亞伯拉罕只好悲傷地看著上帝降下硫磺，毀滅雙城，看著所多瑪城和俄摩拉城陷爲死海。

以下是用眞理逼迫對方作最大讓步的技巧。

1.只在非談不可之時談判。

如果你是賣主，那麼就在買主迫切需要時與他討價還價，儘量表明絕不二價的態度；

如果你是買主，那麼就要讓賣主知道自己可買可不買，問題的關鍵在於價格是否最公道。

無論你是買方還是賣方，切記：「核心問題不可讓步，枝節問題可以交涉」。

2.沒有充分準備就不上談判桌。

要事先瞭解對方的境況如何，問題在哪，決定者是誰，等等。

3.有所求有所不求，**實現雙贏**。

僅僅考慮自己，只會使談判陷入僵局，甚至逼迫對方撤退，使自己一無所獲。因此，即使賠錢，也要在某一方面有所獲益。

4.保守自己的秘密，**漸露鋒芒**。保守住自己的秘密，可以使對方不至於考慮周全對付自己的策略；漸露鋒芒，則易使對方接受自己的觀念。

5.做談判桌上的理性人。對於自己喜歡的東西，只要表明喜歡即可，不可流露出非獲取不可的傾向，否則你將爲此付出代價。

6.把握向對方施壓的分寸。第一，保持競爭的勢頭，可替代方案越多越好。第二，視對方爲合夥人而不視爲敵人，在溫和中使對方和自己趨同。第三，使對方感覺到（而不是由自己說出）如果不依你的條件，問題將十分嚴重。

7.以戰取勝，打敗對方。使對方的可期利益為「零」，使己方的可期利益達到最大值，這種「以戰取勝」式的談判適用於兩種情況：第一，雙方不會再相遇。第二，買賣一方比另一方實力強大得多。

其可能的危害性有：失去友誼和未來的合作機會；因對方的奮力反擊而受損；對方因屈從而不積極履約。

8.最好讓對方打破僵局。僵局需要打破，但率先打破僵局的一方，一般都要以犧牲自己的利益為代價。

9.提前確立談判截止時間。談判中單方面宣佈截止時間，這常常被看作是一種威脅；雙方共商截止時間，會和諧談判的氣氛。這一時間得到確定，可以加快談判節奏，振作參與人員的精神。

10.讓副手與對方糾纏，摸清對方底牌。費了九牛二虎之力，最後亮出底牌，以為大功告成，卻發現對手空有頭銜，並沒有實權來作決定，這令人火冒三丈的遊戲其實符合遊戲規則。

猶太人幾乎人人都是談判高手。他們信奉攻心為上，盡可能和有決策權的人坐在談判桌的兩邊；冷靜地激怒對方，以打探對方的底細；站在對方的角度想問題，給足對方面子；注重談判時的衣著，勤記筆記，形成了一套獨特的談判法則。

他們在兩千年的歲月裏四處流浪，在劣勢中與上帝談判，與敵人談判，與商場上的對手談判。

談判的結果是他們走出了劫難，勝了，生存了下來。

秘訣就是他們擁有高超的談判智慧，得理不饒人。

猶太人得了理，連神都不饒，難道還饒人嗎？

第二十箴　儲蓄是聰明人所設的一個圈套

借錢給別人，就是給自己買回了一個敵人。

——《塔木德》

《聖經》上有一則勸人善加理財的故事，敘述一個大地主，有一天將他的財產託付給三位僕人保管與運用。他給了第一位僕人五份金錢，第二位僕人二份金錢，第三個僕人一份金錢。地主告訴他們，要好好珍惜並善加管理自己的財富，等到一年後再看他們是如何處理錢財的。

第一位僕人拿到這筆錢後，做了各種投資；第二位僕人則買下原料，製造商品出售；第三位僕人爲了安全起見，將他的錢埋在樹下。一年後，地主召回三位僕人檢視成果，第一位及第二位僕人所管理的財富皆增加了一倍，地主甚感欣慰。唯有第三位僕人的金錢絲毫未增加，他向主人解釋說：「唯恐運用失當而遭到損失，所以將錢存在安全的地方，今天將它原封不動奉還。」地主聽了大怒，並罵道：「你這愚蠢的僕人，竟不好好利用你的財富。」

第三位僕人受到責備，不是由於他亂用金錢，也不是因爲投資失敗遭受損失，而是因爲他把錢存在安全的地方，根本未好好利用金錢。

猶太人第一個也是最重要的理財守則是：錢不要存在銀行。

多數人認爲錢存在銀行能賺取利息，能享受到複利，這樣就算是對金錢有了妥善的安排，已經盡到了理財的責任。事實上，利息在通貨膨脹的侵蝕下，實質報酬率接近於零，等於沒有理財，因此，錢存在銀行等於是沒有理財。

每一個人最後能擁有多少財富，難以事先預測，唯一能確定的是，將錢存在銀行而想致富，難如登天，試問：「你曾否聽說有單靠銀行存款而致富的人？」將所有積蓄都存在銀行的人，到了年老時不但無法致富，常常連財務自主的水平都無法達到，這種例子時有所聞。選擇以銀行存款作爲理財方式的人，其著眼點不外乎是爲了安全，但實際上，「錢存在銀行短期是最安全，但長期卻是最危險的理財方式。」

通常，貧窮人家對於富人之所以能夠致富，較負面的想法是將其歸之於運氣好，或者從事不正當或違法的行業，較正面的看法是將其歸之於富人較自己努力，或者他們克勤克儉。但這些人萬萬沒想到，眞正造成他們的財富被遠拋諸於後的，是他們的理財習慣。因爲窮人與富人的理財方式不同，富人的財產多是以房地產、股票的方式存放，窮人的財產多是存放在銀行。

猶太商人認爲，投資人想躋身於理財致富之林，要能在思考模式上跳脫傳統的框框。

有一個成年人不會騎腳踏車，他看到一個小孩子正在騎，羨慕地對這個小孩抱怨說：「小孩子身手敏捷才會騎車。」沒想到小孩子卻對他說：「不一定要身手敏捷才會騎車。」於是小孩子教這位成年人騎車，而成年人也很快地就學會了。當成年人愉快地與這小孩道別回家時，卻習慣性地推著車走路回家，這就是無法突破慣性的框框。

◇儲蓄就是窮的觀念

有一個日本人，叫井上多金，十年前結了婚。由於夫妻倆每月省吃儉用，所有銀行存摺中的數字直線上升，現在已經有二萬多美元了。井上夫人時常向左鄰右舍的太太們說：「如果沒有儲蓄，生活就等於失去了保障。」

但是這個消息不知怎麼，竟傳到一位猶太人富凱爾博士的耳朵裏。他是美國耶魯大學的畢業生，專攻心理學，一年前來東京經商。

富凱爾博士對井上夫人如此注重儲蓄，出乎意外的不欣賞，他譏諷道：

「你看，沒有儲蓄就會覺得生活上失去了保障，如此著重物質，成爲物質的奴隸，人的尊嚴到哪兒去了呢？男人每天爲了衣、食、住在外面辛苦工作，女人則每天計算如何儘量剋扣生活費存入銀行，人的一生就這樣過去，還有什麼意思呢？可悲的是，不但大部分的日本人如此，其他各國人也大半如此。」

「你大概知道，猶太人有一個世界聞名的富豪家族叫羅斯柴爾德，這個家族自拿破崙時代起，就一直維持巨富的地位。你們日本人之中，能夠找出一位世界上知名的富豪來嗎？」

「認爲儲蓄是生活上的安定保障，儲蓄的錢越多，則在心理上的安全保障的程度就越高，如此累積下去，永遠沒有滿足的一天，這樣，豈不是把有用的錢全部束之高閣，使自己賺大錢的才能無從發揮了嗎？你再想想，哪有省吃儉用一輩子，在銀行存了一生的錢，光靠利息滾利息而成爲世界上知名的富翁的？」

「不過，我並不是徹頭徹尾地反對儲蓄。我反對的是把儲蓄變成嗜好，而忘記了等錢儲蓄到了相當數目時，可以提出來動動腦筋，活用這些錢，使它能賺到遠比銀行利息多得多的錢。還反對銀行裏的錢越存越多的時候，在心理上覺得相當有保障，便靠利息來補貼生活費，這就養成了依賴性，失去了冒險奮鬥的精神。」

◇把死錢變成活錢

如何把手中的錢用活，是猶太人經商的一門大學問，他們運作的變錢術是不作存款，而作現金運轉。一般人認爲，銀行存款和現金相比，當然是現金最可靠，既不獲利也不虧損。小心謹慎的猶太人，當然在二者擇一的條件下，選擇了後者。因爲對猶太人來說，「不減少」正是「不虧損」的最起碼的做法。想借助銀行存款求得利息，是不太可能獲得利潤的。

著名的美國通用汽車公司的高級專家赫特，曾說過這樣一段耐人尋味的話：「在私人公司裏，重要的是把手中的錢如何用活。」

對這個道理，許多善於理財的小公司老闆都明白，但並沒有眞正地利用。往往一到公司略有盈餘，他們便開始膽怯，不敢再像創業時那樣敢做敢說，總怕到手的錢因投資失敗又飛了，趕快存到銀行，以備做應急之用，似乎這樣才有安全感。雖然，確保資金的安全乃是人們心中合理的想法，但是在當今飛速發展、競爭激烈的經濟形勢下，錢應該用來擴大投資，使錢變成「活」錢，來獲得更高的利益。這些錢完全可以用來購置房產、店面，以增加自己的固定資產，到十年以後回頭再看，你會感覺到比存銀行要增很多利，看到「活」錢的威力。

對於這一點，並不是每一個人都看到並敢爲的。這主要是願意去冒風險當老闆的人畢竟是少數，一般人看不到自己的美好前景，不敢冒險，也就是沒有進取心。

我們都知道，銀行存款是生息的，只要有存款，便能獲得利息收入。而現金是不生息的，手持現款是多少，若干年後仍舊是原來的價值，並不增多。這樣看來，銀行存款比手持現款更有吸引力。那麼爲什麼猶太人這麼「傻」，寧可守住一大堆現款，而不願把它放在銀行讓它「繁殖」呢？

實際上，猶太人並不傻，而是太精明了。天生有數學頭腦的猶太人，早已算好了這筆令人驚訝的賬。他們算完這筆賬後，就有了充分的理由：銀行存款的確可以獲得一大筆利息，但是物價在存款生息期間不斷上漲，貨幣價值隨之下降，尤其是存款本人死亡時，尚需向國家繳納遺產稅。這是事實，幾乎世界各國都如此。

現款，確實不增值，但物價上漲對其影響也不大，而且最關鍵的是手持現款，避免了在銀行的財產登記，在財產繼承時，不需要向國家繳納遺產稅。所以，手持現款時，財產既不增多，也不減少。

猶太人不會把現款存入銀行，有人不禁會問：「家財萬貫的猶太人，到底怎樣保護現款，他們難道不擔心錢的安全嗎？」

如果每天都把現款攜帶在身，當然是不安全的，也是不可能的。他們已經爲現款找到了安全之處——銀行。他們不是存款於銀行，而是把現款放在銀行的保險櫃裏。

日本具有「銀座的猶太人」之稱的藤田先生，在一九六八年訪問美國服飾用品商狄蒙德先生時，曾參觀了他的現款保險櫃。狄蒙德先生領他到銀行地下室放置保險櫃的昏暗地方，打開了裝滿現款的保險櫃。藤田先生十分驚訝地發現，保險櫃裏裝著現行的各種紙幣，也有五六年前的各種舊幣，還有金塊，約合日幣二三十億元。如此巨大的財產，狄蒙德先生卻十分放心地置之於此。因爲銀行是個極其安全的地方，有一流的安全防衛措施，專門的防衛人員，把現款託放於此，當然可以高枕無憂了。

現款是不能隨便放置的，它需要一個安全的「藏身」之地。聰明的猶太人巧妙地利用銀行的安全設施，在銀行的安全角落安放現款的保險櫃，即使擁有億萬現金，也不用擔心受騙。

猶太人這個「不作存款」的秘訣，是一門資金管理科學。俗語講：「有錢不置半年閑」，這是一句很有哲理的生意經。就是說做生意要合理地使用資金，千方百計地加快資金周轉速度，減少利息的支出，使商品單位利潤和總額利潤都得到增加。

猶太人善於精打細算，他們知道，把錢存入銀行，年息最多也不過10％左右。而把錢投入做生意或生產項目，如果利潤回報率爲10％，一年滾動周轉四次，就可獲得40％的增值。如果對市場走勢觀察分析準確的話，每次周轉會盈利30％或更多些，那麼一年滾動周轉四次，所得的利潤則超過100％了。所以，猶太商人乃至普通百姓，一般不會把錢存入銀行的，即使一時未找到有利的投資目標，他們寧可拿著現金，等待投資時機。

普利哲能夠從兩手空空到腰纏萬貫，是一位做無本生意而成功的典型。他初時分文沒有，靠打工賺的半薪，然後以節衣縮食省下的極有限的錢，一刻不置閑地讓錢滾動起來，使其發揮更大作用。最終，普利哲從兩手空空到腰纏萬貫，成爲美國報業的巨頭。

這就是「不作存款」和「有錢不置半年閑」的體現，是經商成功的一個訣竅。

第二十一箴 有錢一起賺

即使撤銷合同，也要確保雙贏。

——《塔木德》

摩根說：「競爭是浪費時間，聯合與合作才是繁榮穩定之道。」正是他，組織了世界上第一個金融「辛迪加」。洛克菲勒更勝一籌，他兼併近百家石油企業成立的「托拉斯」，曾經一度徹底壟斷了美國的石油工業。

猶太民族的商人合作，早已有了傳統，因為有共同的文化基礎，這種合作也較易進行。但是，猶太商人的合作範圍遠不止於此，只要合作能帶來甚於單幹的利益，他們即願與任何民族的商人合作，甚至曾經咬牙切齒的敵人，看在利益的份上，他們也願意坐下來談合作。比如洛克菲勒的合作夥伴，很多曾是你死我活的勁敵。在合作與壟斷上，猶太商人的表現突出，除了在這方面意識強烈之外，手法也堪一提，他們以己度人，極善用利益說動對方。

猶太人的贏錢術不求單贏，求雙贏，即「一筆生意，兩頭贏利」。大多數猶太商人在商務往來時，能夠透過巧妙的調整而取得雙贏的效果。

萊曼兄弟的故事，更能說明雙贏這一技巧所創造的效益。

萊曼兄弟公司，是一家有將近一百五十年歷史的，美國著名的猶太老字號銀行，二十世紀七〇年代末期，其一年利潤就可達三千五百萬美元，而它的創業也頗富傳奇性。

一八四四年，德國維爾茨堡的一個名叫亨利．萊曼的人移民到了美國，他在南方待了一段時間後，就同隨後移居美國的兩個弟弟——伊曼紐爾和邁耶一起在阿拉巴馬定居，同時做起了雜貨生意。

阿拉巴馬是美國一個產棉區，農民手裏只有棉花，所以，萊曼兄弟積極鼓勵農民，以棉花代貨幣來交換日用雜貨。這樣做是不是與猶太商人一貫的「現金第一」的經營原則不符合呢？但萊曼兄弟的賬卻算得很清楚，他們認爲：以商品和棉花相交換的買賣方式，不但能吸引那些一時沒有現錢的顧客，而且能擴大銷售量；同時，在以物換物並處於主動地位的情況下，能操縱棉花的交易價格；經營日用雜貨本來需要進貨運輸，現在乘空車進貨之際，順路把棉花捎去，還能節省一筆較大的運輸費。這種經營方式可稱做「一筆生意，兩頭贏利」，買賣雙方都有得賺，何樂而不爲？

在買賣中把握雙贏的技巧，這不僅是萊曼兄弟的經商手段，也是大多數猶太商人採用的手段，從而使得他們的生意越做越大。猶太人這種「一筆生意，兩頭贏利」的贏錢術，是符合現代經商原則的。

1.現代社會提倡競爭、鼓勵競爭，但競爭的目的是為了相互推動、相互促進，共同提高，一起發展。

2.兩軍相爭，你死我活，非勝即敗。在市場競爭中，誰都想勝不想敗。說市場競爭的各公司是「敵手」，因為他們在彼此競爭中，帶有以下性質：一是保密性。競爭者在一定階段一定情況下，都有一定的保密性。二是偵探性。競爭者幾乎都在彼此刺探情報，以制定戰勝對方的策略。三是獲勝性。競爭諸方無一不想勝利，都想獲取一定利潤，讓自己的產品佔領市場。四是克「敵」性。假若市場不能容納下全部競爭者時，任何企業都想保存自己而「滅掉」對方。即使市場能容納下全部競爭者時，他們也還是都想以強「敵」弱。

3.雖然競爭公司間有點像戰場上的「敵手」，但就其本質來說是不一樣的。這是因為：公司經營的根本目標是為社會做貢獻，公司的產品是滿足社會需要的，公司賺的錢也被國家、公司和員工三者所用，公司間的競爭手段必須是正當合法的，在這種意義上講，公司之間完全可以相互幫助、支持和諒解，應該是朋友。

4.市場競爭是激烈的，同行業的公司之間的競爭更為激烈。競爭對手在市場上是相通的，不應有冤家路窄之感，而應友善相處，豁然大度。這好比兩位武德很高的拳師比武，一方面要分出高低勝負，另一方面又要互相學習和關心，勝者不傲，敗者不餒，相互間切磋技藝，共同提高。

5.在市場競爭中，對手之間爲了自己的生存發展，竭盡全力與對手競爭是正常的現象。但是，在競爭中一定要運用正當手段，也就是說，只能透過質量、價格、促銷等方式，進行正大光明的「擂臺比武」，一決雄雌，切不可用魚目混珠、造謠中傷、暗箭傷人等不正當手段損傷對手。

6.天高任鳥飛，海闊憑魚躍。市場是廣闊的、多元的，一個有靈敏頭腦的老闆，在已被別人擠滿的、熱門的康莊大道上，不必因爲自己受擠而妒火中燒，應果斷地避開眾人，踏上冷僻的羊腸小路，照樣可以經過一番跋山涉水的艱辛，到達光輝的頂點。

7.在現代社會條件下，市場形勢是瞬息萬變的，市場形勢此時可能對甲企業有利，彼時又可能對乙企業有利。所以，老闆應「風物長宜放眼量」，不可以一時勝負論英雄，更不可以一時失利而遷怒於競爭對手。猶太人這種大家同吃一塊蛋糕的贏錢術是睿智的。

俗話說：「一個籬笆三個樁，一個好漢三個幫。」凡事都需要集體的力量，單槍匹馬打天下實屬不易之事。

在商戰中，猶太人非常重視合作，他們認爲，找一個旗鼓相當的合作夥伴，是成功的一半，合作不僅可以揚長避短，共同承擔風險，而且可以增大雙方的力量。

那麼，怎樣才是滿意的合作夥伴呢？猶太人的回答是明確的，他們願意和知識淵博、精明能幹、有雄厚實力的猶太人合作。總之，合作宛如找對象一般，各自有不同的標準和不同的需要，不能一概而論。但他們堅持：不學無術、無特長的不可合作；對人持懷疑態度、不以誠相待者不可合作；善於巴結逢迎、見風使舵者不能使用；思想僵化保守，不能跟上時代節拍且一意孤行的人不能使用。

當然，與有實力的夥伴合作，看似可以背靠大樹做文章，但大公司往往以強欺弱，容易造成大魚吃小魚的結果。不過，既然是雙方合作，就有其合作的必要性，雙方是各取所需，實力弱的一方沒必要對另一方一味遷就，一味遷就的結果是姑息養奸，對方一旦掌握了你的特長，你就會被一腳踢開。

猶太人以理智的頭腦選擇合作夥伴，他們的合作往往是成功的。

第二十二箴　把運氣變成機會

有三種東西不能使用過多。
那就是：作麵包的酵母，鹽，猶豫。

——《塔木德》

富翁家的狗在散步時跑丟了，於是在電視臺發了一則啓事：「有狗丟失，歸還者，付酬金一萬元。」並有小狗的一張彩照充滿大半個螢幕。啓事發出後，送狗者絡繹不絕，但都不是富翁家的。富翁太太說，肯定是眞正撿到狗的人嫌給的錢少，那可是一隻純正的愛爾蘭名犬啊！於是富翁把酬金改爲兩萬元。

原來，一位乞丐在公園的躺椅上打盹時，撿到了那隻狗。乞丐沒有及時地看到第一則啓事，當他知道送回這隻小狗可以拿到兩萬元時，眞是興奮極了，他這輩子也沒交過這種好運。

乞丐第二天一大早，就抱著狗準備去領那兩萬酬金。當他經過一家大百貨公司的電視牆螢幕時，又看到了那則啓事，不過賞金已變成了三萬元。乞丐駐足想：這賞金增長的速度倒挺快，這狗到底能值多少錢呢？他改變了主意，又折回他的破窯洞，把狗重新拴在那兒。第四天，懸賞額果然又漲了。

在接下來的幾天時間裏，乞丐沒有離開過大螢幕，當酬金漲到使全城的市民都感到驚訝時，乞丐返回他的窯洞。可是那隻狗已經死了，因爲這隻狗在富翁家吃的是鮮牛奶和燒牛肉，對這位乞丐從垃圾筒裏撿來的食物，根本受不了。

乞丐不渴望財富嗎？當然是渴望，但是他沒有抓住得到財富的機遇，所以只有看著它溜走了。

因此，猶太商人的經驗是：擁有了高財商，不僅可以讓你懂得如何創造財富，同時還能夠讓你知道在財富的機遇面前，應該如何去抓住它，把運氣變成財氣。

我們可以發現，辛勤者中間有著貧富之分，而在成功的辛勤者中間，成就亦有高低之別，但有一些表面上並不辛勤的人，卻能成功致富。正是這些差異的出現，社會面貌才呈現出多姿多彩的變化，而促成社會面貌變化的其中一個重要因素，就是機會。因此，有人曾說過這樣一句話：「機會是上帝的別名。」在特定的時間裏，各方面因素配合恰當，就會產生有利的條件，誰最先利用這些有利條件，運用手上的人力、物力從事投資，誰就能更快、更容易獲得更大的成功，賺取更多的財富。這些有利條件便是機會，一個高財商的人，懂得掌握這些得到財富的機會。

要拿到紅利，必須先拿錢投資。同樣，想獲得機會，則必須先有所犧牲——犧牲自己的時間、收入、安全生活和享受等等，隨時全神貫注地做好準備，一有機會出現，便跳起來將它抓住。但是有的人創業致富常常是靠運氣。可運氣不是機會，不要把兩者混淆，否則就會作出錯誤判斷，招致損失。

運氣帶有偶然、意外的性質。有個人去買彩票，結果中了一千美金，這是運氣。提煉青黴素的弗萊明，原意是要培養葡萄球菌，黴菌的出現出乎他意料之外。對他來說，黴菌是個不速之客：中彩與發現青黴素有顯著的區別，中彩純屬意外，那是運氣，沒有夾雜機會在裏面；而發現青黴素的事，則在運氣之外蘊藏著機會。

弗萊明發現黴菌之後，他可能有兩個反應：一是覺得黴菌的出現，阻撓了他對葡萄球菌的研究，把它當作麻煩事，不予重視；二是覺得好奇，進行研究。如果弗萊明採取前一種態度，發明青黴素的就不會是他，而是別人了。弗萊明能夠及時掌握機會，結果獲得了成就。

在致富的過程中，也要分清機會和運氣，我們不排除運氣，但是更重要的還是要用自己的財商，挖掘蘊藏在生活中的機會，也只有這樣，你才能得到財富。

◇留意生意場上的每一個細節

猶太商人非常留意生意場上的每一個細節，善於把運氣變成財氣。曾經有一家猶太人經營的服裝公司——「李威．施特勞斯公司」，靠運氣促成服裝的一場革命——牛仔褲的風行。

「李威．施特勞斯」這個名字已經進入英國辭典，公司的產品在國際上日益流行，因此公司的發展史也幾乎成了神話般的傳說。

公司的創始人李威．施特勞斯，本來並不是個服裝商，雖然服裝行業歷來是猶太人占支配地位的行業，一度美國男裝市場的85%、女裝的95%，都是由猶太人的服裝廠生產的。十九世紀中葉，美國加州一帶曾出現過一次淘金熱。年輕的李威．施特勞斯也去了加州，但爲時已晚，從沙裏淘金已到了尾聲，但他卻「從斜紋布裏淘出了黃金」。

李威．施特勞斯去的時候，隨身帶了一大卷斜紋布，想賣給製帳篷的商人，賺點錢作資本。到了那裏才發現，人們不需要帳篷，卻需要堅牢耐穿的褲子，整天跟泥和水打交道，褲子壞得特別快。於是，從這卷斜紋布裏就誕生了李威．施特勞斯的第一條牛仔褲。十年以後，他又在褲子的口袋旁裝上銅鈕扣，以增強口袋的牢度。此後，李威．施特勞斯開始大量生產這種新穎的褲子，銷路極好，引得數以百計的其他服裝商競相仿效，但李威．施特勞斯的企業一直獨佔鰲頭，每年約售出一百萬條這種褲子，營業額達五千萬美元。

一九○二年，單身漢老李威．施特勞斯去世後，四個外甥接下舅舅的公司之後，經營得不錯，公司不斷發展，業務範圍也隨之擴大，開始經營尼絨、褲子、毛巾、床單和內衣。到第二次世界大戰結束，這些商品的營業額已將近總營業額的一半。一九四六年，老李威．施特勞斯的曾外孫瓦爾特．哈斯．耶爾決定公司的全部資金用於生產牛仔布料。這種由十股三號棉紗織成的布料已獲得專利，專門爲李威．施特勞斯公司生產。

哈斯既不是一個理想主義家，有意識地想改變公眾的趣味或穿著習慣，也未曾預見到這個決定會引發一場服裝革命。他只是作出了一項經營決策，更準確地說，他只是想「搏」一下，輸贏在此一舉，看新布料能否取勝。結果運氣臨門，他贏了，而且是極大的成功。

用新布料生產的牛仔褲，特別有助於顯示出人的體形，充滿青春氣息，上市後就大受歡迎。進入二十世紀六○年代後，更大行其道。一則因爲六○年代正值二戰結束後出生的一代踏上社會，這一代素稱「嬰兒潮」，即人口出生高峰，一時間給整個美國社會帶入了一股青春文化的氣息，他們也成了消費市場的大頭，洋溢著青春氣息的牛仔褲自然極有市場。二則六○年代正好是個反叛的時代，傳統規範和價值觀念受到懷疑、抨擊和唾棄，而牛仔褲以其不拘形式這一最明顯的特點，成了最能體現時代潮流的服裝。

第一個原因，使牛仔褲成了青年一代的制服，也成了一切想「混跡」於年輕人中的人所熱衷的服裝。而第二個原因，則使一切不想讓自己顯得保守古板的人穿上牛仔褲，終至被一位總統穿進白宮去。

這場服裝革命帶來的直接後果是，它從不同方向，使服裝不再能顯示穿著者的身份。如果說，原先批量生產的服裝，使一個公司的推銷員穿得像總經理一樣，則牛仔褲卻使總經理穿得像推銷員一樣，而且牛仔褲不分性別，男人女人穿得完全一樣。牛仔褲也沒有新舊之分，甚至舊的更好。這本來是因爲布料容易舊，但公眾由於過於喜愛牛仔褲，而把它的缺點一起喜愛上了。服裝史上第一次出現了「生產舊褲子，甚至破褲子」的工廠，那經過磨損、褪色和打過補丁的牛仔褲，一付破相，卻更好銷，價格也更高。

就此而論，瓦爾特·哈斯·耶爾的這一冒險之舉，只不過是利用服裝行業的一般冒險行爲加以擴大而已。難能可貴的是，他的這一冒險，竟抓住了一個延續半個世紀還方興未艾的大時尚，如果從老李威·施特勞斯的第一條牛仔褲算起，則已經近一個半世紀了。在一個量產的時代，能找到一個能爲如此長的時間、如此大的範圍（全世界的人幾乎都穿牛仔褲），年齡差異如此之大的消費者所接受、所喜愛的商品，確實可以說是一個人最大的運氣。

◇只要值得，就要去冒險

猶太人的比喻往往是非常幽默的，他們說，有三種東西不能使用過多。

那就是：作麵包的酵母，鹽，猶豫。

道理誰都懂，卻讓猶太人形象地總結出來了。

酵母放多了，麵包是酸的，鹽放多了是苦的，猶豫多了，則會喪失稍縱即逝的戰機。

猶豫是因爲恐懼失敗。失敗讓人變得謹小愼微。猶豫的表現，是以各式各樣的藉口延緩行動，結果當然是坐失良機。

這就是「坐而言商，不若起而行動」。有行動才有事物的轉變。猶太人當年飽受欺凌，如果只是默默地苟延殘喘而不變通生存的方式，恐怕早就滅絕了。猶太人正是敢於正視現實、雄視險惡、心存目標、埋頭苦幹，終於突破現狀，立足並揚眉於國際商界。

猶太人格言說，人生之門不是自動門，若是我們不主動地推開或拉開，它就永遠關閉著。爲了開啓成功之門，我們必須採取推或拉的行動。

看見吊橋止步不前，和高臺跳水完全是兩種人，初做銷售的年輕推銷員，往往沒有勇氣去敲開顧客的門。這種推銷員缺乏應有的想像力，不知道叩開顧客之門，就是叩開自己的人生之門，他們恐懼失敗、不敢冒險。

如果年輕時不敢冒險，到老將一事無成。

不採取行動，一切會越來越糟糕。

拙速勝於遲巧，講的就是這個道理。

讓不成熟的行動，走在萬全的思想之前，才是上上之策。行動儘管不完全成熟，但可以收到實效。只有產生實效的行動，才可能給思想提供依據，有依據的思想，才會有巧妙之處。

堅實的行動與非凡的思想相結合，事業才能獲取大成就。

猶太商人的生意經，鼓勵人們「只要值得，就要去冒險」，這種大膽地在風險中淘金的做法，是猶太商人非常令人佩服的一種賺錢術。靠牛仔褲發達的李威．施特勞斯公司一炮打響，雖然多少靠的是運氣，但如果沒有高度的冒險精神，也不可能孤注一擲地，把全部資金都押在新型布料這一寶上。服裝行業本身是個風險行業，除了那些生產傳統服裝的老牌企業之外，凡生產時裝的，每年春秋兩季就是兩次大冒險。注下對了，抓住了時尚，就發財；注下錯了，抓不住時尚就破產，「過時」的時裝連削價銷售都困難。下面這個例子也非常有說服力。

阿曼德·哈默，一八九八年五月二十一日生於美國，在上大學時，即開始經營父親留給他的藥廠，獲得很大成功，成爲當時美國唯一的大學生百萬富翁。一九二一年赴蘇聯，成爲貿易代理人，獲得巨額財富。一九五六年，五十八歲的哈默收購瀕臨倒閉的西方石油公司，逐步使其成爲世界最大的石油公司之一。一九七四年，哈默的西方石油公司年收入高達六十億美元。哈默一生與東西方政界領導人建立了密切的聯繫，在全世界享有盛譽。

經常有人向哈默請教致富的「魔法」。他們堅持認爲：哈默發大財，靠的不僅是勤奮、精明、機智、謹慎之類應有的才能，一定還有「秘密武器」。

在一次晚會上，有個人湊到哈默跟前，請教「發達的秘訣」，哈默皺皺眉說：「實際上，這沒什麼。你只要等待俄國爆發革命就行了。到時候，打點好你的棉衣儘管去，一到了那兒，你就到政府各貿易部門轉一圈，又買又賣，這些部門大概不少於二三百呢！……」聽到這裏，請教者氣憤地嘟噥了幾句，轉身走了。

其實，這正是二十世紀二〇年代時，哈默在俄國十三次做生意的精闢概括，其中包含著他的生意的興隆與衰落、成功與失敗的種種經歷。

一九二一年的蘇聯，經歷了內戰與災荒，急需救援物資，特別是糧食。哈默本來可以拿著聽診器坐在清潔的醫院裏，不愁吃穿地安穩度過一生。但他厭惡這種生活。在他眼裏，似乎那些未被人們認識的地方，正是值得自己去冒險，去大幹一番事業的戰場。他作出一般人認為是發了瘋的抉擇，踏上了被西方描繪成地獄似的、可怕的蘇聯。當時，蘇聯被內戰、外國軍事干涉和封鎖弄得經濟崩潰，人民生活十分困難；霍亂、斑疹傷寒等傳染病和饑荒，嚴重地威脅著人們的生命。列寧領導的蘇維埃政權，採取了重大的決策——新經濟政策，鼓勵吸引外資，重建蘇聯經濟。但很多西方人士對蘇聯充滿偏見和仇視，把蘇維埃政權看作是可怕的怪物。到蘇聯經商、投資辦企業，被稱做是「到月球去探險」。

哈默心裏當然也知道這一點，但風險大，利潤必然也大，值得去冒險。於是哈默在飽嘗大西洋中航行暈船之苦，和英國秘密員警糾纏的煩惱之後，終於乘火車進入蘇聯。沿途景象慘不忍睹：霍亂、傷寒等傳染病流行，城市和鄉村到處有無人收殮的屍體，專吃腐屍爛肉的飛禽，在人們頭頂上盤旋。哈默痛苦地閉上眼睛，但商人精明的頭腦告訴他：被災荒困擾著的蘇聯，目前最急需的是糧食。他又想到，這時美國糧食大豐收，價格早已慘跌到每蒲式耳一美元。農民寧肯把糧食燒掉，也不願以這樣的低價送到市場出售。而蘇聯這裏有的是美國需要的、可以交換糧食的毛皮、白金、綠寶石。如果讓雙方能夠交換，豈不兩全其美？從一次蘇維埃緊急會議上，哈默獲悉，蘇聯需要大約一百萬蒲式耳的小麥，才能使烏拉山區的饑民度過災荒。機不可失，哈默立刻向蘇聯官員建議，從美國運來糧食換取蘇聯的貨物。雙方很快達成協定，初戰告捷。

沒隔多久，哈默成了第一個在蘇聯經營租讓企業的美國人。此後，列寧給了他更大的特權，讓他負責蘇聯對美貿易的代理商，哈默成爲美國福特汽車公司、美國橡膠公司、艾利斯·查理斯機械設備公司等三十幾家公司在蘇聯的總代表。生意越做越大，他的收益也越來越多。他存在莫斯科銀行裏的盧布數額大得驚人。

第一次冒險，使哈默嘗到了巨大的甜頭。於是，「只要值得，不惜血本也要冒險」，成了哈默做生意的最大特色。

一九五六年，哈默已經五十八歲了，他感到自己幹實業已經夠久了，便移居洛杉磯，準備用游泳、日光浴、捐贈珍藏等活動來消磨自己的餘年。

沒料到財神又一次把他拖回來，把他投入到他一生最賺錢的生涯——冒險性很大的石油行業中去。

朋友告訴他：二十世紀二〇年代初期創立的西方石油公司，正處在風雨飄搖的困境之中。這家公司請求哈默給予幫助。對石油行業還是外行的哈默，同意借出五萬美元作爲嘗試，讓該公司鑽兩口油井，將來得到的利潤各占一半。哈默的打算是：如果這兩口井是乾井，這筆錢可以根據當時的規定作爲虧損，從應繳納的稅款當中扣除。

出乎哈默意料之外的是：兩口井都出了油。西方石油公司的股票一下子上漲了。初次嘗試的成功，引起哈默在石油行業進行冒險的極大興趣。一九五七年，他乾脆把借給該公司的貸款轉爲股票，成爲西方石油公司最大的股東，當上該公司的總經理。

石油鑽探畢竟是一個冒險性很大的行業。一九六一年，西方石油公司幾乎用完了一千萬美元的勘探基金，但仍無所建樹。哈默計畫集中餘力攻克難點。這計畫吸引了一個名叫鮑勃的青年地質學家。他向哈默建議：舊金山以東有一片被德士古石油公司放棄了的地區，這地區可能有天然氣田，西方石油公司應該把它租下來。

哈默接受了意見，彙集了一大筆錢，投入這一冒險活動。這個地質學家將挖井定位爲離開那幾口廢井大約六百英尺的一塊空地上。當鑽到八千六百英尺的深度時，終於鑽出了加利福尼亞的第二大天然氣田，價值兩億元。幾個月以後，又在附近鑽出了一個蘊藏量豐富的天然氣田。

一九六六年，西方石油公司來到盛產石油的利比亞。正值利比亞政府準備進行第二輪出讓租借地的談判。來自九個國家的許多家公司，參加了這次投標。哈默要和這些實力雄厚的大公司爭奪，似乎有點不自量力，這些石油巨頭一舉手就可以把他打倒。但哈默依然乘坐一架由轟炸機改造的飛機趕來了。他採取了獨特的投標方式。他獨出心裁，用紅、黃、綠三色彩綢做成投標書，正好和當時利比亞的國旗顏色一樣。並且，他還在投標書中特別註明：如果西方石油公司中標，公司將爲國王先祖所在地的綠洲造一個漂亮的大花園。這樣，哈默成功地創造了開發利比亞石油的機會。他一舉得到了兩塊租借地，使那些頗有名望的競爭對手大吃一驚。

但是，這兩塊地很快成了哈默煩惱的源泉，鑽出的頭三口井都是滴油不見的乾井。而每打一口井就要花費三百萬美元，另外還得花費兩百萬美元用於地質探測，和向利比亞政府的官員交納不可告人的賄賂金。董事會裏有些人開始把這項計畫叫做「哈默的蠢事」，連公司裏的第二大股東瑞德也主張應該撤退。哈默是九頭牛也拉不回的脾氣，他大力支持公司的地質專家，採用電子電腦探測新技術，終於打出了九口油井，其中一口井年產油7.3萬桶，是利比亞最大的一口井。

利潤開始像石油一樣，源源不斷地流進西方石油公司的帳戶，冒險又一次取得成功。

西方石油公司海外石油事業的另一個具有冒險性而獲得成功的投資，是對英國北海油田的開發。一九七二年，該公司在北海連鑽三口井都是乾井，每口井的代價爲兩百五十萬美元。幸而最終得到上帝垂青，鑽出了石油，獲得了成功。

◇抓住機會，敢想敢做

猶太商人善於抓住機會，並且敢想敢做，這一點直接關係到生意的成敗。

一九八一年六月，韋爾做了一件令人費解、出乎人們意料之外的大事情，他居然把辛辛苦苦花費了二十年時間創建的希爾森公司，出售給擁有八十億美元銷售額的美國運通公司。雖然美國運通公司是一家經營簽帳卡、旅遊支票和銀行等業務的大公司，但韋爾的希爾森公司雖說規模較其小，然而卻是很有發展前景的，而且韋爾初入美國運通公司時並不被重用。因此，許多人認為韋爾吃虧不小。然而一段時間後，人們不得不對韋爾的決策而嘆服。現在韋爾在運通公司的職位僅次於董事長和總裁，他的股份總額有二千七百萬美元，個人年收入高達一百九十萬美元。

當然，韋爾為發展運通公司也是兢兢業業，在他的一手策劃下，運通公司用五億五千萬億美元，買進了南美貿易發展銀行所屬的外國銀行機構，這家銀行機構經營外匯、通貨市場、珠寶貿易、銀行業務等。因此這樁大生意的成交，不僅是韋爾津津樂道的一件值得自豪的事，而且使韋爾在運通公司身價百倍，成為華爾街的熱門人物。

韋爾的成功之處有許多條，例如好勝心強烈、非常自信等，然而最重要的一條卻是：他知道在什麼時候該做什麼事，能夠抓住機會，敢想敢做。創業之初，對於合併與否，他果斷地拍板；後來，他吃小虧、獲大利，與運通公司合併，現已成爲該公司第二號人物。韋爾的未來正如旭日東昇，在華爾街上空閃現輝煌！

猶太商人的精明家喻戶曉，他們善於從長遠考慮買賣問題，盯住時機，大膽出手，因此成就了一大批猶太商人。

第二十三箴　做生意無禁區

時間是商品，知識是商品，那麼，國籍當然也可以成為商品，而且是一種特殊的商品。

——《塔木德》

最大限度地做大生意，是猶太人推崇的賺錢術之一，因此猶太人認爲，「衝破國界打天下」才能去賺大錢。在猶太人看來，在當今商品世界裏，時間是商品，知識是商品，那麼，國籍當然也可以成爲商品，而且是一種特殊的商品。在猶太人的眼中，時間可以用錢買，國籍更容易，只要有錢，便可以買到別國的國籍。他們買國籍的目的是爲了賺錢方便，爲經商掃除障礙。

猶太商人羅恩斯坦就是一個典型的靠國籍致富的人。

羅恩斯坦的國籍是列支敦士登，但他並非生來就是列支敦士登的國民，他的列支敦士登國籍是用錢買來的。他爲什麼要買此國籍呢？

列支敦士登是處於奧地利和瑞士交界處的一個極小的國家，人口只有一萬九千萬人，面積一百五十七平方公里。這個小國與眾不同的特點，就是稅金特別低。這一特徵對外國商人有極大的吸引力，於是，引起各國商人們的注意。爲了賺錢，該國出售國籍，定價七百萬美元。獲取該國國籍後，無論有多少收入，只要每年繳納九萬美元稅款就行了（不分貧富）。

因而，列支敦士登便成爲世界各國有錢人嚮往的理想國家，他們極想購買該國的國籍，然而，原來只有一萬九千人的小國容納不下太多的人，所以想買到該國國籍也並非易事。

但是，這難不倒機靈的猶太商人。羅恩斯坦就是購買到列支敦士登國籍的猶太商人之一。

他把總公司設在列支敦士登，辦公室卻設在紐約。在美國賺錢，卻不用交納美國的各種名目繁雜的稅款。只要一年向列支敦士登國交納九萬元就足夠了。他是個合法的逃稅者，減少稅金，獲取更大利潤。

羅恩斯坦經營的是「收據公司」，靠收據的買賣可賺取10％的利潤。在他的辦公室裏，只有他和他的女打字員兩人，打字員每天的工作，是打好發給世界各地服飾用具廠商的申請書和收據。他的公司實質上是斯瓦羅斯基公司的代銷公司，他本人也可以說是一個代銷商。

提及斯瓦羅斯基公司，便想起羅恩斯坦致富的本錢——美國國籍，下面是羅恩斯坦的一段故事：

斯瓦羅斯基是實力雄厚的大公司。達尼爾·斯瓦羅斯基是奧國的名門，他的祖先世世代代都生產玻璃製假鑽石的服飾用品。精明的羅恩斯坦最初便看準了這家公司，只是時機未到，他只好靜靜地耐心等候。

時機終於來了。第二次世界大戰後，斯瓦羅斯基的公司因爲在大戰期間，曾奉德國納粹黨的命令，製造軍用的望遠鏡等軍需品，所以將被法軍接收。當時是美國人的羅恩斯坦，知悉上情後，立即與達尼爾．斯瓦羅斯基進行交涉：

「我可以和法軍交涉，不接收你的公司。不過條件是：交涉成功後，請將貴公司的代銷權讓給我，收取賣項的10％好處，直到我死爲止，閣下意思如何？」

斯瓦羅斯基對於猶太人如此精明的條件十分反感，他大發雷霆。但經冷靜考慮後，爲了自身的利益，只好委曲求全，以保住公司的大利益，而接受了他提出的全部條件。

對法國軍方，他充分利用美國是個強國的威力，震住了法軍。在斯瓦羅斯基接受他的條件後，他馬上前往法軍司令部，鄭重提出申請：

「我是美國人羅恩斯坦，從今天起，斯瓦羅斯基的公司已變成我的財產，請法軍不要予以接收。」

法軍啞然，因爲羅恩斯坦已經是斯瓦羅斯基的公司主人，即此公司的財產屬於美國人。法軍無可奈何，不得不接受羅恩斯坦的申請，放棄了接收的念頭。接收美國人的公司是毫無正當理由的，況且美國對於法國來說，是惹不得的。

以後，羅恩斯坦未花一分錢，便設立了斯瓦羅斯基公司的「代銷公司」，輕鬆自在地賺取銷售額的10％的利潤。

羅恩斯坦的致富，是國籍幫了他的大忙，以美國國籍爲發家的本錢，再靠列支敦士登國的國籍逃避大量稅收，賺取大錢！

這就是猶太人。

國籍也是能賺大錢的手段。

順便提一下，「生意無禁區」，不僅指交易內容上無禁區，還指交易對象上也無禁區。

猶太人是一個世界民族，不管世界劃分爲多少個意識形態勢力範圍，猶太人只有一種意識形態——耶和華上帝及其律法。所以，儘管當年東西方兩大陣營冷戰熱火朝天，美國猶太人與蘇聯猶太人相互之間照樣做生意，充其量再請上一個瑞士的同胞。難道各國政府還打算干預家庭內部的交易活動嗎？

所以，生意無禁區體現了猶太人在做生意時，盡可能地不受種種非理性的先入之見，或純粹意識形態因素的影響和干擾，從而使自己獲得盡可能大的自由度，這樣一種生意經，理所當然是每個商人都應該學習和應用的！

第二十四箴 集中精力攻克一個目標

得到太多，必有所失。

——《塔木德》

猶太人爲了賺錢，恨不得在工作場所（當然是辦公室門外）高掛「免擾牌」，上寫一行大字：請勿打擾！我在賺錢！！

他們的《塔木德》中有則故事是這樣說的：

一個人找到智者約瑟，看到約瑟正在樹上摘蘋果。

「尊敬的約瑟，我有一個問題要問你。」這個人喊。

「我現在不能下樹回答你的問題，因爲我今天受雇於這裏的莊園主，我的時間是屬於他的。」

約瑟因爲在樹上說了拒絕回答問題的一句話，影響了摘蘋果，收工之後主動向莊園主提出扣下一點工錢。

由此可見，做事專注、集中精力也是猶太人的一個特徵。

人的生命雖然各有長短，有人長命百歲，有人青壯之時夭折，但不管怎樣，每個人都有其寶貴的一生。這一生，每個人只有一次。因此，人必須珍惜自己難得的一生，在這有限的人生中實現自己的願望。

當然，人各有志，在不同社會、不同背景、不同時期，人的志向是會發生變化的。猶太人因其民族的特性和所處的環境，普遍都能從小懷志，確立自己人生的奮鬥目標。正因爲這樣，許許多多的猶太人，能集中人生有限的時間和力量，去攻克一個目標，所以成功率比別人高。

在人生的競賽場上，沒有確立目標，是不容易得到成功的。許多人並不乏信心、能力、智力，只是沒有確立目標或沒有選準目標，所以沒有走上成功的途徑。這道理很簡單，正如一位百發百中的射擊手，如果他漫無目標地亂射，其結果是可想而知的。又如驢子一天到晚繞著石磨不停地轉動，但是什麼地方也到達不了，因爲它沒有目標。

猶太人大衛·布朗是英國的一位商人，他的發跡過程，就是他一生確立目標的實現過程。他出生於一九〇四年，父親經營一間小型齒輪製造廠，幾十年來一直慘澹經營，僅可以賺取一點生活費。儘管如此，布朗的父親還是一個頭腦清醒的人，總結自己沒有選好奮鬥目標的教訓，把希望寄託在兒子身上。爲此，他嚴格要求布朗勤於學習和讀書，每逢假日就規定他到自己的齒輪廠去參加勞動，與工人們一樣艱苦工作，絕無特殊照顧。

布朗在家庭的教育下，在工廠裏工作和生活了較長時間，養成了艱苦奮鬥的精神，熟悉了工業技術、知識，形成了自己的人生奮鬥目標。這樣，布朗父親的目標總算實現了。但布朗自己的奮鬥目標卻不在齒輪廠方面，而是利用自己積累的經驗，向賽車生產這個目標去奮鬥。他透過觀察，發現當代人對汽車使用已普及，預感汽車大賽將會成爲人們的一種流行娛樂方式。於是他克服重重困難，成立了大衛布朗公司，不惜投入聘請專家和技術人員作設計，採用先進技術和設備進行生產。一九四八年，布朗生產的「馬丁」牌賽車，在比利時舉辦的國際汽車大賽中奪魁，大衛布朗公司因此一舉成名，訂單如雪片般飛來，布朗從此走上發跡之路，布朗父親及布朗自己確立的目標都實現了，可謂一箭雙雕。

著名猶太政治家、美國前國務卿季辛吉，是專注於政治、成功於政治的又一事例：季辛吉一九七七年被「逼下梁山」，退出政界，可是他並不善罷甘休，夢想著有朝一日「東山再起」。不料他的夫人放出話來，如他重返政壇，她就與他分道揚鑣。無奈之下，他只好轉而從事對他來說完全陌生的商業諮詢。

「創業」之初，季辛吉一無法律根底，二無財政資助，也可以說是困難重重。但他畢竟聰明過人，索性一不拜律師事務所，二不拜銀行，而打出「受雇政治家」的招牌，公開宣佈：在收取巨額諮詢費後，願為企業戰略指點迷津，承擔外交諮詢使命，為公司老闆充當國家安全顧問，大有「姜太公釣魚，願者上鉤」之意。招牌亮出不久，「大魚」紛紛咬鉤。戈德曼公司、薩克斯公司和另一個由三家銀行組成的財團，一下子就掏給了季辛吉三十五萬美元。他用這筆錢成立了「季辛吉協會」，不僅自己作，還拉了一幫朋友，包括作過美國國家安全顧問的斯考克羅夫特，作過副國務卿的伊格爾伯格．羅傑斯等。

這些年來，季辛吉憑著自己對國際形勢發展走向的精闢見解和入木三分的分析，身兼評論員、投資公司諮詢家等職，使每年成百上千萬的美元揮之即來。

猶太人從商，注重確立人生奮鬥目標，先是確立目標，然後全力以赴而終至成功。目標決定了一生，激勵人不畏艱苦，充分發揮其潛在能力。猶太人在確立目標中，注意切合個人實際和環境，不會把自己的奮鬥目標，確立在可望而不可即的位置上。

◇做個偏執狂

商業繁榮時刻，孕育著毀滅的種子。隨時都會發生的突變，需要我們做個信念的偏執狂。

商業危機無處不在，涉足其中的人，無不企望自己成為預見危機、消弭危機的高手。安德魯·葛洛夫的出現，使深懷這種企望的人得到了安慰，世界資訊產業領域的一九九七年，遂以他的名字命名。

一九九七年五月二十一日，來自匈牙利的猶太移民葛洛夫，出任英特爾董事長，成爲這家資訊產業巨無霸的掌門人。

一九九七年底，葛洛夫入選《時代》雜誌年度世界風雲人物榜。

今天，葛洛夫領導著英特爾，驅動著全世界80%的個人電腦。

人們爲此驚呼，驚呼葛洛夫是個天才。實際上，以上都不能算是葛洛夫成功的標誌，《只有偏執狂才能生存》的寫就，才是這位天才最重要的注腳。

《只有偏執狂才能生存》是時下最暢銷的商業著作之一。人們認爲它的暢銷原因，是葛洛夫說出了一句話：「只要涉及企業管理，我就相信偏執萬歲。」或者說，人們看到了「葛洛夫式的偏執，即是對信念異乎尋常的執著」。在這本書中，葛洛夫呼喚著這個世界，出現越來越多的偏執狂。葛洛夫對於有可能是災難性的突變，有著非同一般的認識：

·突變之時，企業將面對「十倍速的變化」。

·能否預測、適應突變，是企業成敗的關鍵。

·技術的突進、競爭對手的策略、企業自身組織機構的調整，是突變的三個主因。

經歷突變的企業，當年重獲興盛的極少。葛洛夫的天才，就在於無論面臨怎樣的危機，他對信念都保持著近乎偏執般的執著，率領英特爾成功地跨越了一個又一個突變。

「放棄記憶體」是葛洛夫迄今爲止，最精彩的一幕「偏執」瞬間。

二十世紀八〇年代，英特爾在世界電腦記憶體市場獨領風騷，遭到日本廠商「定價永遠低10%」競爭策略的持久攻擊。就在英特爾風雨飄搖之際，葛洛夫那樣斷然決定：「放棄記憶體！」

「你能想像沒有記憶體的英特爾?!」英特爾的高級經理們當時愕然質問。「我想我能！」正在進餐的葛洛夫嚥下了一大塊麵包，只吐出了這四個字。英特爾危機就因這四個字的說出而化解。放棄記憶體的英特爾就這樣重新出發，一路走過來，走到今天，成爲全世界最大的微處理器供應商，使全世界的個人電腦主流用戶，成爲英特爾的追隨者。

如果你願意做個葛洛夫那樣的偏執狂，那麼請你從念如下的猶太箴言開始。

·不要去請教懷疑你的人，或把想法告訴他。

·不要向女人問如何打鐵，或向懦夫問戰爭。

·不要向吝嗇鬼問感激，或向硬心腸的人問善行。

·不要向一個散漫的人問如何完成工作，或向懶惰的人問如何完成要求嚴格的任務。

·有時，一個矮個子的人比高塔頂上的七個看守人，還能看到更遠、更多的東西。

·要聽從自己的判斷，因為自己是最可信賴的。前提是你這時住在真理的屋子裏。

也許你難以偏執到葛洛夫那種程度，但你一定會遭遇類似葛洛夫曾經遭遇過的突變。從容應對突變，以執著的信念應對突變，以偏執狂的姿態在突變處高歌，我們就會把突變變成我們新的起點。

第二十五箴，精打細算 開源節流

鈔票不是傻子。

——《塔木德》

猶太人愛惜錢財的原理與勤儉相仿，他們既千方百計努力賺錢，同時也想盡各種辦法，節省不必要的開支，這樣才使其生意獲得更多的盈利。俄國出生的猶太人薩爾諾夫，九歲時隨父母移居美國，由於家庭清貧，沒有機會讀書，讀小學時也不得不利用放學時間及假日做工，賺點錢貼補家用。當他小學快畢業時，父親積勞成疾，過早地去世了，他只好輟學去當童工。他沒有抱怨父母給自己帶來這麼一個人生局面，而是非常勤懇地工作，把賺得的點滴小錢供家裏人糊口，並省下幾角錢買書自學。後來他幾經周折，終於在一家郵電局找到一份送電報工作。他從此立誓要掌握電報技術，以後當電報業的老闆。

在今天看來電報業已落後了，但在二十世紀初，卻是剛問世的先進科技呢！薩爾諾夫不但有遠見眼光，而且有決心和毅力攀登這個高峰。他堅持努力十多年，白天賣力工作，晚上讀電工夜校，獲得了老闆賞識而逐步得到提升。一九二一年，他的老闆爲了發展業務，分設

「美國無線電公司」，薩爾諾夫被委任爲總經理，得到大展身手的機會。最後，他終於成爲美國無線電的工業巨頭。

洛維格第一次做的生意，只是一隻船的生意。他把一隻別人擱置很久，沉入海底的長約二十六英尺的柴油機動船，很費勁地打撈出來，然後用了四個月的時間將它修好，並將船承包給別人，自己從中獲利五十美元。這使他很高興，也很高興父親能借錢給他，他明白了借貸對於一貧如洗的人創業的重要。

可是，青年時期的他在企業界碰來碰去，總是債務纏身，屢屢有破產的危機。他始終也沒有跳出平常的思維，達到一種有希望的新境界。就在洛維格行將進入而立之年時，靈感爆發了。

他先後找了幾家紐約的銀行，希望他們能貸款給他，買一條一般規格水準的舊貨輪，他準備動手把它安裝改造成賺錢較多的油輪。但是卻一次次遭到了拒絕，理由是他沒有可資擔保的東西。終於洛維格有了一個符合常規的想法。他有一隻僅僅能航行的老油輪，他將這條油輪以低廉的價格包租給一家石油公司。然後他去找銀行經理，告訴他們他有一條被石油公司包租的油輪，租金可每月由石油公司直接撥入銀行來抵付貸款的本息。經過幾番周折，紐約大通銀行終於答應了他的要求。

這就是洛維格奇異而超常的思維。儘管他並無擔保物，但是石油公司卻有著很好的效益，其潛力很大，除非天災人禍，石油公司的租金一定會按時入賬。而且洛維格的計算非常周密，石油公司的租金剛好可以抵償他銀行貸款的本息。他的這種巧妙的「空手道」做法看似荒誕，但實際上正是他成功的開端。

他拿到了貸款就去買下他想買的貨輪，然後自己動手將貨輪加以改裝，使之成爲一條航運力較強的油輪。他利用了新油輪，採取同樣的方式，把油輪包租出去，然後以包租金抵押，再貸到一筆款，然後又去買船，再去……這樣，像神話一樣，他的船越來越多，而他每還清一筆貸款，一艘油輪便歸在他的名下。隨著借貸款的還清，那些包租船全部歸他所有。

國家圖書館出版品預行編目資料

誠實精明：塔木德經商致富25箴言／韋爾著. -- 1版.
-- 新北市：華夏出版有限公司, 2022.12
面；　公分. --（Sunny文庫；272）
ISBN 978-626-7134-56-6（平裝）
1.CST：成功法 2.CST：理財 3.CST：猶太民族

177.2　111014498

Sunny 文庫 272
誠實精明：塔木德經商致富25箴言

著　作　韋爾
印　刷　百通科技股份有限公司
電話：02-86926066 傳真：02-86926016
出　版　華夏出版有限公司
220 新北市板橋區縣民大道3段93巷30弄25號1樓
電話：02-32343788　傳真：02-22234544
E-mail：pftwsdom@ms7.hinet.net
總經銷　貿騰發賣股份有限公司
新北市235中和區立德街136號6樓
電話：02-82275988　傳真：02-82275989
網址：www.namode.com
版　次　2022年12月1版
特　價　新台幣300元（缺頁或破損的書，請寄回更換）

ISBN：978-626-7134-56-6

尊重智慧財產權・未經同意請勿翻印（Printed in Taiwan）